지방교육자치
NO
　　　자치교육
　　　YES

35개의 질문으로 해부한 지방교육자치의 실패와
자치교육을 향한 새로운 길

"교육청과
교육감을 위한 자치"

김환식 지음

지방교육자치 NO

자치교육 YES

RESET 정론 ESSAY 4

"학생과 주민을
위한 자치"

"당신은 어떤 자치를 선택하시겠습니까?"

바른북스

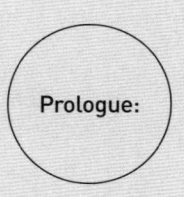
Prologue:

지방교육자치, 과연 필요한가?

　교육자치에 대한 담론은 오랜 시간 동안 피상적인 구호와 정치적 수사 속에서 맴돌았다. '교육감 직선제냐, 러닝메이트(running mate)제냐, 아니면 임명제냐'는 표면적인 제도 설계 방법론에 불과할 뿐, 그 아래에 깔린 교육자치의 본질적 문제에 대한 성찰이라고 보긴 어렵다. 교육감 선거의 저조한 투표율, 막대한 선거 비용, 대중영합주의적인 공약 경쟁, 당선 이후 수사를 받는 교육감들의 사례는 이미 익히 알려진 문제들이다. 하지만, 이 모든 현상이 교육감 선거를 넘어 교육자치 제도 자체의 본질과 어떻게 연결되는지에 대한 깊이 있는 논의는 여전히 부족하다. 진정 교육자치가 필요한지, 그리고 처음 교육자치가 도입될 때의 목적을 달성하고 있는지 제대로 숙고하지 않고 있다. 교육감 논거도 교육자치의 논거가 뒷받침되어야만 가능하다.

우리가 말하는 '교육자치'는 이름만 자치일 뿐, 내용상으로는 자치의 기본 요건을 충족하기 쉽지 않다. 우리나라의 지방자치는 주민자치가 아닌 단체자치이기에, 중앙정부 권한의 배분, 즉 분권의 시각에서 논의되어야 마땅하다. 그럼에도 교육자치를 주장하는 이들은 헌법 제31조의 교육의 자율성, 전문성, 정치적 중립성을 근거로 교육자치의 정당성을 주장하며, 심지어 일부는 '교육고권(敎育高權)'이라는 개념까지 제시한다. 이는 지나치게 작위적인 해석이며, 삼권분립 정신의 근간을 고려하지 않은 무리한 주장이다.

현실의 교육청은 독립성과 자율성을 내세우지만, 실제로는 교육부의 지침에 민감하게 반응하며, 단위 학교의 자율적 운영을 지원하기보다는 지시와 통제 중심의 행정을 이어가고 있다. 과거 중앙정부가 해오던 방식이 시도 교육청 단위에서 반복되고 있다는 평가도 나온다. 특히 상대적으로 풍부한 교육재정에 기반을 두어 학교를 대상으로 각종 재정사업을 벌이거나, 학생을 위한다는 명분으로 새로운 시설을 짓는 데 집중하는 경향도 보인다. 반면, 교육의 핵심인 교수학습자료 개발, 교사의 역량 강화, 학교 공동체의 안녕을 위한 본질적 투자에는 소홀한 면도 있다. 교육의 진보보다는 해서는 안 되는 일에 집중하는 모습도 보인다. 대표적인 예로 국가 교육과정의 큰 틀을 벗어나 IB 교육과정을 공립학교에 도입하는 일이다. 교육감의 책임은 국가가 만든 교육과정을 제대로 운영하는 것이지, 국가 교육과정과 별개로 외국 교육과정을 도입하고 이를 학교에 전파하는 것은 잘못된 방향이다. 더욱이 교육자치에서 가장 중요한 교육과정은 국가 교육과정과 법령에 따라 통제되므로,

교육청 차원의 자율성은 극히 제한적임에도 도입을 추진한다.

일반행정과의 협업은 갈수록 단절되고 있으며, 지방교육재정은 중복된 시설 및 사업에 소모되고 있다. 특히 산하기관의 수가 증가하면서 교직 인력은 줄고, 전문직과 일반직 인원이 산하기관에 과도하게 배치됨에 따라 정작 학교 내 행정 인력은 부족해지는 기형적 구조가 형성되고 있다. 지역 주민과의 소통은 형식적 절차에 머물고, 교육 현장과 학교의 자율성과 창의성은 교육청 중심의 틀 속에서 점점 위축되고 있다. 이처럼 제도는 있되 실질적 자치의 원리가 잘 작동하지 않는 현 구조를 과연 '교육자치'라고 부를 수 있을까?

교육청의 자치 역량도 미흡하다. 성숙하지 못하다는 것은 '시도교육감 회의'를 거쳐 교육부에 건의하는 사항들의 면면을 보면 알 수 있다. 법령 개편이나 제도의 근본적 개선을 논의하는 수준이 아니라, 대부분 지침 수준의 내용이나 사업 개편 등에 치우쳐 있다.

그런데도, 이 제도는 쉽게 폐지할 수 없다. 이미 정치적 결단을 통해 제도화되었고, 이를 통해 직간접적인 이익을 누리는 다양한 이해관계자들이 존재하기 때문이다. 교육감은 사실상 광역자치단체장에 버금가는 영향력을 행사하며, 교육행정은 교육의 본연 목적보다 때로는 정치적 목표를 우선시하고 있다. 교육자치는 명목상 '교육의 자율성 보장'을 내세우지만, 현실에서는 '지역 정치세력의 기반 확장'이라는 기능으로 변질하였다는 평가도 가능하다. 여기에 교원단체와 교사노조, 공무직 노동조합의 영향력까지 가세하면서, 교육청은 수시로 특정 집단의 이해에 휘둘리기도 한다.

이 책은 이러한 현실을 직시하며, 교육자치를 근본적으로 재설계할 필요성에서 출발한다. 단순한 폐지를 주장하는 것이 아니라, 제도의 전면적 재검토와 함께 기능과 권한을 대폭 축소하는 방향을 모색한다. 본래 자치의 논거로 제시되었던 교육의 전문성과 자율성, 정치적 중립성이 실제로 작동할 수 있도록 지방교육행정을 재편하려는 것이다. 특히, 이 책에서 제시하는 '자치교육'은 현행 단체자치 중심의 지방교육자치와 대비되는 학교 중심의 자율성을 강조하는 개념이며, 이를 뒷받침할 행정 조직으로서 '시도자치교육위원회'라는 새로운 대안을 제시한다.

1991년에 다시 시작된 지방교육자치는 2025년인 현재까지 35년이 지났다. 그동안 지방교육자치는 다양한 문제점을 드러냈다. 이 책은 따라서 총 35개의 질문을 통해 교육자치의 실체를 분석하고, 현재의 지방교육자치가 어떠한 문제가 있는지를 자세히 살핀 후, 명확한 대안을 제시한다.

먼저, 교육청은 독임제 행정기관에서 합의제 위원회 구조로 전환되어야 한다. 이는 경찰위원회나 선거관리위원회처럼 다양한 이해관계자와 전문가가 참여해 공정성과 전문성을 확보하는 방식이다. 합의제 기구인 시도자치교육위원회를 통해 교육감은 대학 총장과 같은 명망가나, 시도의회 의원과 같은 정치인이 직선으로 선출되어 정치의 영향을 받는 구조가 아니라, 교육과 교육행정의 전문성, 책임성, 공익성 그리고 경영 능력을 기준으로 선출되어야 한다. 이는 민주주의의 후퇴가 아니라, 교육의 자주성과 민주성, 공공성과 중립성을 회복하기 위한 장치이다. 또한 교육청은 개별 학교의 교육력 향상을 지원하는 협력적 파트너가 되어야 한다.

반면 학교 밖 교육활동과 복합적인 교육 서비스는 일반행정기관이 전문적으로 담당하도록 사무가 조정되어야 한다. 예컨대, 학생수련원은 청소년수련시설과 통합 운영하고, 학생안전체험관은 지역의 시민안전체험관과 연계 활용하여 이중 투자와 행정 낭비를 방지해야 한다. 이러한 협력 방식은 유아교육, 문화예술, 체육, 과학, 안전 등 다양한 분야에 걸쳐 광범위하게 설계될 수 있다. 나아가 학교 밖 교육환경뿐만 아니라 학교건축, 복합시설, 학교 내 보건·위생·시설관리도 반드시 교육청이 전담할 필요는 없다. 시청·도청의 시설관리공단, 보건환경연구원 등 일반행정기관의 전문 조직이 담당하는 것이 더욱 효율적일 수 있다.

결국 교육감은 정치인이 아니라 교육 전문가이자, 교육 행정가로 자리매김해야 하며, 학교와 지역사회, 일반행정기관이 유기적으로 협력하는 구조 속에서 교육의 본질을 실현하는 사람이어야 한다.

교육은 단지 제도의 문제가 아니다. 그것은 정의와 형평, 공동체의 미래를 위한 가장 핵심적인 국가 기능이다. 우리는 흔히 '교육은 백년지대계'라고 말한다. 그러나 지금의 교육자치는 그 거창한 이상에 걸맞은 구조가 아니다. 이제 우리는 그 실체 없는 껍데기를

걷어내고, 교육자치라는 이름 아래 방치된 문제들을 직시하며, 교육의 본질로 다시 돌아가야 한다.

이 책은 독자에게 첫 질문을 한다.
"지금 우리가 보고 있는 교육자치는 과연 필요한가?"
그리고 이어 묻는다.
"그렇지 않다면, 우리는 어떠한 '자치교육'을 만들어가야 하는가?"

목차

Prologue: 지방교육자치, 과연 필요한가?

제1부.
지방자치의 특징

016   **질문 1.**   헌법과 지방자치법이 규정한 지방자치 본질은 무엇인가?
019   **질문 2.**   우리의 지방자치는 단체자치인가?, 주민자치인가?
022   **질문 3.**   지방자치법 자치사무 조항의 의미와 한계는?

제2부.
지방교육자치의 특징

028   **질문 4.**   지방교육자치는 헌법이 예정한 제도인가?
033   **질문 5.**   1991년 지방교육자치법은 왜 만들어졌는가?
038   **질문 6.**   지방교육자치가 처음 시행된 1952년 이후로 지방교육행정은 어떻게 변화됐는가?
045   **질문 7.**   교육감은 지방자치단체 전체를 대표하는가?
049   **질문 8.**   1995년 「지방교육자치법」을 개정하면서 왜 교육감의 대표권을 포함했을까?

제3부.
지방자치와 지방교육자치의 연계

- 054　**질문 9.**　교육에서 국가와 지방의 사무는 어떻게 구분하나?
- 069　**질문 10.**　지방교육사무 관련 규정의 입법적 혼선은 무엇인가?
- 075　**질문 11.**　지방자치와 지방교육자치의 관계에 대한 헌재의 결정의 의미와 그 한계는 무엇인가?
- 081　**질문 12.**　헌재 결정문의 '영역자치'의 의미와 그 위험성은?

제4부.
지방교육자치의 문제점

- 092　**질문 13.**　교육자치는 지방자치와 잠재적 충돌 가능성은 없는가?
- 096　**질문 14.**　교육의 자주성, 전문성, 정치적 중립성에 대한 헌재의 판단이 곧 교육자치의 정당성을 입증하는가?
- 101　**질문 15.**　일반자치와 교육자치의 연계는 현재 문제가 없는가?
- 114　**질문 16.**　교육감 직선제는 교육적 가치 실현에 이바지 했는가?
- 121　**질문 17.**　미국의 교육감 직선제와 우리나라의 교육감 직선제는 같은 제도인가?
- 126　**질문 18.**　지금까지 확인된 교육자치의 문제는 무엇인가?
- 134　**질문 19.**　저출생·고령화 시대, 미래 교육 환경 변화에 지금의 지방교육자치가 제대로 대응할 수 있을까?

제5부.
자치교육 활성화 방안

142 질문 20. 시도자치교육위원회 도입 방안은?

151 질문 21. 교육청을 교육부 소속기관으로 바꾸는 방안은 어떠한가?

162 질문 22. 자치교육위원회를 기초자치단체로까지 확대해야 하는가?

167 질문 23. 그렇다면 시도자치교육위원회가 해야 할 주된 기능은?

173 질문 24. 시·도청과 시도자치교육위원회의 관계는?

178 질문 25. 기초지자체와 시도자치교육위원회의 관계는?

183 질문 26. 교육부, 국가교육위원회와의 관계는 어떻게 되는가?

192 질문 27. 지방교육재정교부금 제도는 어떻게 해야 하나?

197 질문 28. 공론화 방식을 적용한 교육감 선출 방안이란?

207 질문 29. 학교 운영의 자율성을 강화하는 방안은?

213 질문 30. 학교 단위의 재정 자율성 강화 방안은 무엇인가?

216 질문 31. 교원의 전문성 강화 방안은 무엇인가?

221 질문 32. 교육청에서 교육정책 전문성은 어떻게 강화해야 하나?

227 질문 33. 교육의 정치적 중립성을 보장하는 방안은 무엇인가?

231 질문 34. 궁극적으로 국민의 '학습권'과 '학습복지사회'를 가장 효과적으로 보장하고 구축할 수 있는 새로운 거버넌스는 어떠한 모습이고, 어떻게 결정되어야 하나?

244 질문 35. '지방정책권'이 필요하지 않는가?

Epilogue: 자치교육, 이제는 시작할 때!

이 책의 제1부는 지방자치 그 자체의 본질과 구조를 탐구하며, 현재 우리나라 지방자치가 가진 근본적인 한계를 살펴본다. 헌법과 지방자치법이 규정한 지방자치의 이상적인 모습, 즉 주민 복리 증진과 민주적이고 능률적인 행정을 통한 지역 균형 발전이라는 목표를 제시하면서도, 현실에서는 이 이상이 구현되지 못하는 현실을 드러낸다. 특히 우리나라 지방자치가 '권한의 배분'을 핵심으로 하는 단체자치의 틀을 가지고 있으며, 나아가 '사무'라는 용어가 내포하는 근본적인 문제점과 제한적 열거주의로 인한 실질적 자율성의 부족을 지적한다.

제1부.

지방자치의 특징

질문 1.

헌법과 지방자치법이 규정한 지방자치 본질은 무엇인가?

헌법과 지방자치법이 말하는 '지방자치의 본질'은 관련 조항에서 밝히고 있듯이 주민의 복리 증진, 민주적·능률적인 지방 행정을 통한 지역의 균형 발전, 그리고 대한민국 민주주의 발전에 이바지하는 것이다.

헌법의 관점

헌법 제117조 제1항은 "지방자치단체는 주민의 복리(福利)에 관한 사무를 처리하고 재산을 관리하며, 법령의 범위 안에서 자치에 관한 규정을 제정할 수 있다"라고 규정하고 있다. 이는 지방자치의 핵심 목적이 지역 주민의 복리를 증진하는 데 있음을 밝히는 것이다. 지방자치는 주민들의 삶의 질을 높이는 것이 가장 근본적인 목표가 된다.

지방자치법의 관점

「지방자치법」 제1조는 이 법의 목적을 "지방자치단체의 종류와 조직 및 운영, 주민의 지방자치행정 참여에 관한 사항과 국가와 지방자치단체 사이의 기본적인 관계를 정함으로써 지방자치행정을 민주적이고 능률적으로 수행하고, 지방을 균형 있게 발전시키며, 대한민국을 민주적으로 발전시키려는 것"이라고 규정한다. 따라서 지방자치의 본질은 크게 다음 세 가지로 요약될 수 있다.

- 행정의 민주성이다.
- 행정의 능률성이다.
- 지방의 균형 발전 및 민주주의 발전 기여이다.

행정의 민주성과 행정의 능률성은 「행정기본법」의 정신과 맥을 같이한다. 즉, 「행정기본법」은 '행정의 민주성과 적법성을 확보하고 적정성과 효율성을 향상함으로써 국민의 권익 보호에 이바지함'을 목적으로 하고 있다.

지역의 균형 발전 및 민주주의 발전 기여는 「지방자치분권 및 지역균형발전에 관한 특별법」의 정신과 상통한다. 이 법의 목적 역시 '지역 간 불균형 해소, 지역의 특성에 맞는 자립적 발전 및 지방자치분권을 통하여 지역이 주도하는 지역균형발전을 추진함으로써 모든 국민이 어디에 살든 균등한 기회를 누리는 지방시대를 구현하는 것'에 있다.

이처럼 헌법과 「지방자치법」이 그리는 지방자치의 본질은 주민 복리를 최우선으로, 민주적이고 능률적인 행정을 통해 지역 발전을 이루는 것이다.

질문 2.

우리의 지방자치는 단체자치인가?, 주민자치인가?

지방자치는 지역의 일을 스스로 처리하는 것을 말하는데, 크게 두 가지 방식으로 이해할 수 있다.

① 단체자치(團體自治)

지방자치단체[1]라는 하나의 법인(단체)이 중앙정부로부터 일정한 권한을 받아서 독립적인 조직과 예산을 가지고 지역의 일을 운영하는 것을 말한다. 핵심은 권한의 배분이다. 국가가 수행하던 권한을 지방에서 자율성을 갖고 일을 할 수 있도록 허용한 것이다. 수직적 관계라고 볼 수 있다. 자치라는 용어를 사용하지만, 엄격히 말하

---

1 종종 지방정부라는 단어를 사용하기도 한다. 그러나 광의의 정부는 입법부, 행정부, 사법부를 포괄해서 부르는 용어이기에 제한된 입법권, 제한된 행정권만 보유하는 지방자치단체는 지방정부라고 부르기 어렵다. 그런데도 지방정부를 사용하는 것은 중앙정부와 대구(對句)로 사용하는 일종의 정치적 의미이다.

면 지방자치단체를 인위적으로 만들고, 그 단체에 국가가 일감을 일부 준 것으로 이해할 수 있다. 기본적으로 국가와 지방은 수직적 관계이다.

② 주민자치(住民自治)

단체를 만드는 것이 아니라 지역 주민 개개인의 자율성과 참여를 더 중요하게 생각한다. 주민들이 직접 정책 결정에 참여하고 자신들의 의사를 반영하려는 '정치적 자치'의 원리를 강조하는 방식이다. 주민들이 직접 모여 마을의 일을 결정하는 모습이나, 주민투표 같은 제도를 떠올리면 이해하기 쉽다. 미국이 대표적인데, 미국의 초기 역사를 생각하면 주민자치의 모습을 쉽게 이해할 수 있다. 당시 국가 없이 마을(town) 단위로 생활하며, 마을의 대소사를 해결하던 그 초창기 역사를 말이다. 따라서 주민자치는 태생적으로 정부 권력의 개입을 좋아하지 않는다.

「대한민국 헌법」과 「지방자치법」은 주로 단체자치의 틀을 가지고 있다.

헌법 제117조는 지방자치단체의 권한과 자율성을 보장하고, 「지방자치법」 역시 지방의회와 지방자치단체장(시장, 도지사 등)을 중심으로 지방자치단체의 조직, 예산, 규칙 제정 권한 등을 규정하고 있다. 지방자치단체가 법인의 성격을 갖는 것은 「지방자치법」에 근거

한다.[2] 우리의 지방자치제도는 '지방자치단체'라는 독립된 법인이 지역을 운영하는 자율성에 초점을 맞춘 제도 설계라고 볼 수 있다.

지방자치단체의 정책의 결정 및 집행 과정에의 참여할 권리(「지방자치법」제17조), 주민투표(「지방자치법」제18조)[3], 주민조례청구(「지방자치법」제19조)[4]와 같은 주민의 직접 참여 수단이 있긴 하다. 이외에도 제21조에 의한 '주민의 감사 청구', 제22조에 의한 '주민소송', 제25조에 의한 '주민소환', 그리고 제26조에 의한 '주민에 대한 정보공개'도 모두 유사한 제도이다. 하지만 이런 제도는 특정 사안에 한정되거나 절차가 복잡해서, 주민들이 일상적인 지방 행정이나 정책 결정에 실질적으로 참여하는 데는 아직 한계가 많다. 그래서 전반적으로는 지방자치단체가 주도하는 자치에 가깝다고 평가된다.

---

2 「지방자치법」제3조(지방자치단체의 법인격과 관할) ① 지방자치단체는 법인으로 한다.
3 제18조를 바탕으로 제정된 법률이 「주민투표법」이다.
4 「지방자치법」제19조 제2항은 조례의 제정 등에 관한 사항은 따로 법률로 정하도록 하고 있다. 이 법률이 「주민조례발안에 관한 법률」이다.

질문 3.

지방자치법 자치사무 조항의 의미와 한계는?

'사무'라는 용어 사용의 문제점

「지방자치법」에서 '사무'라는 용어를 사용한 것은 매우 특징적이다. 이는 '사무분장'이라는 용어에서 알 수 있듯이, 주어지고 정해진 일을 누가 맡아서 처리할 것인가에 대한 인식 체계가 「지방자치법」에 담겨있기 때문이다. 즉, 이 '사무'라는 용어에서부터 지방자치는 중앙에 의해서 좌우될 수뿐이 없는 한계를 내포한다. 「지방자치법」은 '사무'라는 용어를 사용함으로써 지방자치의 본질적 의미를 충분히 담아내지 못하는 한계를 처음부터 갖고 출발한다.

지방자치의 핵심은 중앙정부의 업무를 분담하는 것이 아니라, 지역의 특성과 주민의 요구에 맞는 정책을 자율적으로 수립하고 실행하는 데 두어야 한다. 이런 맥락에서 '사무'라는 표현은 다음과 같은 이유로 적절하지 않을 수 있다.

① 관리와 집행 중심

'사무'는 주로 행정적, 집행적 성격을 강조하며, 정책 결정이나 제도 설계보다는 일상적 업무 처리에 가까운 의미이다. 이는 지방자치의 창의적이고 주도적인 역할을 축소 해석하게 만들 수 있다.

② 중앙의 분업적 관점

중앙정부가 분담해 준 일부 업무를 단순히 수행하는 것처럼 느껴질 수 있어, 지방이 주체적으로 정책을 만들고 지역의 문제를 해결하는 자치 본연의 모습과는 거리가 멀어진다.

사무 범위의 제한적 열거주의가 갖는 한계

「지방자치법」은 지방자치단체의 사무 범위를 포괄적으로 규정하는 것처럼 보이지만, 실질적인 입법 태도는 제한적 열거주의이다. 이는 지방자치의 실질적인 자율성을 위축시키고 중앙의 과도한 통제를 가능하게 한다.

① 제11조(사무 배분의 기본 원칙)[5]의 한계

국가와 지방자치단체 간의 사무 배분에서 중복 방지와 포괄적 배분을 강조하고 있지만, 실제로는 상위 법령의 통제를 받기에 지방의 자율적 사무처리가 쉽지 않다. '포괄적 배분'이라는 표현을 사용하고 있음에도, 실제 사무 배분은 매우 제한적이다.

② 제12조(사무 처리의 기본 원칙)[6]의 한계

지방자치단체가 사무를 처리할 때 법령의 위반 금지를 명시하여 지방의 자율성을 제한한다. 특히 시·군·자치구는 상급 단체인 시·도의 조례를 위반할 수 없다는 점에서 자율성이 약하다. 적극적 자유가 아니라, 법령의 범위 내에서의 소극적 자유이다.

---

[5] 제11조(사무 배분의 기본원칙) ①국가는 지방자치단체가 사무를 종합적·자율적으로 수행할 수 있도록 (중략) 사무를 주민의 편익증진, 집행의 효과 등을 고려하여 서로 중복되지 아니하도록 배분하여야 한다.
②국가는 제1항에 따라 사무를 배분하는 경우 지역주민생활과 밀접한 관련이 있는 사무는 원칙적으로 시·군 및 자치구의 사무로, 시·군 및 자치구가 처리하기 어려운 사무는 시·도의 사무로, 시·도가 처리하기 어려운 사무는 국가의 사무로 각각 배분하여야 한다.
③국가가 지방자치단체에 사무를 배분하거나 (중략) 지방자치단체가 그 사무를 자기의 책임 하에 종합적으로 처리할 수 있도록 관련 사무를 포괄적으로 배분하여야 한다.

[6] 제12조(사무 처리의 기본원칙) ①지방자치단체는 사무를 처리할 때 주민의 편의와 복리증진을 위하여 노력하여야 한다.
②지방자치단체는 조직과 운영을 합리적으로 하고 규모를 적절하게 유지하여야 한다.
③지방자치단체는 법령을 위반하여 사무를 처리할 수 없으며, 시·군 및 자치구는 해당 구역을 관할하는 시·도의 조례를 위반하여 사무를 처리할 수 없다.

③ 제13조(지방자치단체의 사무 범위)[7]의 한계

자치사무의 범위를 포괄적으로 규정하는 것처럼 보이지만, 제2항 단서에서 "다만, 법률에 이와 다른 규정이 있으면 그러하지 아니하다"라고 명시하여 사실상 모든 자치사무가 중앙의 법률에 종속되게 된다.

이러한 제한적 열거주의의 핵심 문제는 다음과 같다.

1) 실질적 자율성의 부족: 예시된 자치사무가 포괄적으로 나열되어 있으나, 법률로 제한할 수 있다는 단서를 두어 지방의 자율성을 크게 위축시킨다.
2) 중앙의 과도한 통제: 지방의 자율적 사무처리가 법령에 따라 쉽게 제한될 수 있는 구조로, 중앙정부가 지방의 사무에 과도하게 개입할 여지를 준다.
3) 정책 결정의 비효율성: 지방의 실정에 맞는 정책을 자유롭게 설계하고 집행할 수 없는 구조적 한계를 낳는다.
4) 행정의 복잡성: 자치사무와 국가 사무의 경계가 불분명해 지방에서의 정책 집행이 복잡하고 비효율적인 경우가 많다.
5) 기관 소송의 빈발: 자치권의 범위가 명확하지 않으므로, 중앙과 지방 사이에서 갈등이 잦아지고 이를 해결하기 위한 소송이 빈발한다.

---

7   제13조(지방자치단체의 사무 범위) ①지방자치단체는 관할 구역의 자치사무와 법령에 따라 지방자치단체에 속하는 사무를 처리한다.
②제1항에 따른 지방자치단체의 사무를 예시하면 다음 각 호와 같다. 다만, 법률에 이와 다른 규정이 있으면 그러하지 아니하다. ('각 호' 생략)

제2부에서는 우리나라 지방교육자치의 고유한 특성을 정리한다. 헌법이 직접 예정하지 않은 지방교육자치가 어떻게 형성되었는지 그 근본적인 출발점을 탐색하며, '교육의 자주성'이라는 헌법적 가치가 교육행정기관의 독립성 주장으로 확장 해석되는 과정의 논란을 짚어본다. 또한, 1952년 지방교육자치 시행 이래 오늘날에 이르기까지 교육감 선출 방식의 변화(간선제에서 직선제로)와 교육위원회 존폐 등 주요 변천사를 시기별로 분석한다. 특히, 직선제 교육감의 '제한된 법적 대표권'과 '확장된 정치적 대표성'을 설명하고, 1995년 「지방교육자치법」 개정 당시 교육감 대표권이 부여된 실무적 배경까지 정리한다.

제2부.

지방교육자치의 특징

질문 4.

지방교육자치는
헌법이 예정한 제도인가?

　　지방교육자치제도는 헌법이 직접 명시하고 예정한 제도가 아니라, 헌법 조항에 대한 해석과 「지방자치법」 및 「지방교육자치법」을 통해 구성된 제도다. 우리 헌법에는 '지방교육자치'라는 단어 자체가 등장하지 않으며, 지방교육자치를 위한 '별도의 집행기관' 설치는 헌법이 아닌 「지방자치법」에 의해 의무화되었다. 따라서 지방자치제도의 구체적인 운영 방식은 입법권자에게 폭넓은 재량권이 주어진 영역으로 보는 것이 합리적이다.

헌법과 지방교육자치, 그리고 법률의 관계

　　「대한민국 헌법」은 국민의 가장 중요한 법이자 국가 운영의 기본 틀이다. 헌법에는 '지방자치'에 대한 명확한 규정들이 있다. 헌법 제117조 제1항은 "지방자치단체는 주민의 복리에 관한 사무를 처리하고 재산을 관리하며, 법령의 범위 안에서 자치에 관한 규정을 제정할 수 있다"라고 하여, 지방자치단체가 스스로 지역의 일을 처리하고 재산을 관리하고 규칙을 만들 수 있는 권한을 부여하고 있다. 이는 '지방자치'를 제도적으로 보장하는 핵심 조항이다. 헌법 제118조는 "지방의회의 선거와 지방자치단체장의 선임 등"에 관한 내용을 담고 있어, 지방의회 의원, 시장, 도지사와 같은 지방자치단체장의 임용 방법이 규정되어 있다.

그러나 이 헌법 조항들 어디에도 '지방교육자치'라는 말은 직접적으로 등장하지 않는다. 헌법이 '지방자치'는 명시적으로 보장했지만, '지방교육자치'는 명시하지 않고 있는 거다. 이러한 헌법 조항에 따라 제정된 것이 「지방자치법」이다. 「지방자치법」은 지방자치단체의 종류와 조직, 운영, 그리고 주민의 참여 등에 관한 구체적인 내용을 담고 있다.

「지방자치법」 제135조 제1항은 "지방자치단체의 교육·과학 및 체육에 관한 사무를 분장하기 위하여 별도의 기관을 둔다."라고 규정한다. 이는 지방자치단체가 교육, 과학, 체육에 관한 사무를 처리하기 위해 별도의 집행기관을 설치할 의무를 부과하는 것이다. 그리고 같은 조 제2항에서 "제1항에 따른 기관의 조직과 운영에 필요한 사항은 따로 법률로 정한다."라고 하여 「지방교육자치법」 제정의 근거를 마련하고 있다.

따라서 교육, 과학 및 체육에 관한 사무를 분장하는 별도의 집행기관(예: 시도 교육청)은 「지방자치법」에 의해 그 설치가 의무화되어 있다는 점은 분명하다. 하지만 그 기관의 구체적인 조직과 운영 방식(예: 교육감 선출 방식, 교육위원 역할 등)은 "따로 법률로 정한다."라는 「지방자치법」의 위임에 따라 입법자의 폭넓은 재량에 속한다.

이처럼 지방교육자치는 헌법이 직접 "이러이러한 지방교육자치 제도를 만들어라"라고 지시하거나 예정한 것이 아니다. 헌법은 지방자치라는 큰 틀을 제공했고, 그 안에서 교육 사무를 어떻게 처리할지는 「지방자치법」이 "따로 법률로 정하라"라고 위임했으며, 이에 따라 「지방교육자치법」이 제정되면서 비로소 구체적인 제도로서 형성된 것이다. 즉, 지방교육자치는 헌법 조항에 대한 해석과 입법자의 정책적 결정, 그리고 그 결과물인 「지방교육자치법」을 통해 구성된 제도이다.

'교육의 자주성'과 '지방교육자치' 해석의 논란

지방교육자치가 헌법이 직접 예정한 제도가 아니라는 점에도 불구하고, 일부에서는 지방교육자치가 헌법적 당위성을 가진다고 주장한다. 이러한 주장의 핵심 근거는 헌법 제31조 제4항에 있다. 이 조항은 "교육의 자주성·전문성·정치적 중립성 및 대학의 자율성은 법률이 정하는 바에 의하여 보장된다."라고 명시하고 있다.

이 조항을 근거로 "교육은 자치해야 하며, 지방교육자치는 헌법적 당위"라고 주장하는 흐름이 있다. 의견의 차이는 있지만, 교육법 학계의 일반적인 해석이기도 하다. 그러나 이는 헌법의 논리적 경계를 넘어선 해석일 수 있다.

헌법 제31조 제4항에서 말하는 '교육의 자주성, 전문성, 정치적 중립성'은 주로 학교 현장에서의 교육활동, 교육 내용, 학사 운영 등이 외부의 부당한 간섭이나 특정 세력의 정치적 영향으로부터 자유롭고, 전문적이며 중립적으로 이루어져야 함을 의미한다. 예를 들어, 학교 교과서 내용에 특정 정치 이념을 강요하거나, 교사 임용에 외부 압력이 작용하는 것을 막으려는 목적이다. 따라서 지방교육자치, 교육감 직선제 등 교육행정과 관련된 내용과 헌법 제31조 제4항은 구분될 필요가 있다.

또한 헌법재판소의 결정을 바탕으로 이 조항을 지방교육행정기관(교육청, 교육감, 교육위원 등)의 조직과 운영 방식에까지 확대하여 해석하여 '교육행정'이 일반행정으로부터 독립적인 자치권을 가져야 한다는 근거로 삼기도 한다. 그러나 이 역시 무리한 측면이 있다. '교육의 자주성'과 '교육행정기관의 독립성'은 엄연히 다른 개념이기 때문이다. 교육행정은 교육의 본질적 가치를 지원하기 위한 공공 행정의 한 분야이며, 공공 행정은 마땅히 민주적 통제와 책임성을 핵심 가치로 삼아야 한다.

지금의 지방교육자치는 정치적 결단과 정책적 선택의 결과

지방자치제도는 헌법에 명시된 '제도적 보장'임은 분명하다. 헌법재판소의 확립된 견해에 따르면, 제도적 보장은 객관적 제도를 헌법에 규정하여 그 본질을 유지하려는 것으로, 입법자에게 제도의 구체적인 내용과 형태의 형성권을 폭넓게 인정한다는 의미에서 '최소한 보장의 원칙'이 적용될 뿐이다.[8] 하물며 헌법이 직접 예정한 제도적 보장이라고 보기 어려운 지방교육자치는 입법자에게 훨씬 더 풍부한 재량권이 주어질 수 있는 제도다.

따라서 지방교육자치가 '헌법이 보장한 절대 권리'라는 식의 접근은, 오히려 제도에 대한 합리적인 비판과 개편 논의를 원천적으로 봉쇄하는 효과를 낳을 수 있다. 제도는 궁극적으로 국민의 교육받을 권리를 실현하기 위한 수단일 뿐이며, 이를 위해 교육의 자주성, 전문성, 정치적 중립성이 보장되어야 한다. 그렇다면 지방교육자치는 교육의 공공성과 질을 높이기 위한 조정 가능한 정책 선택지 중 하나로 바라보는 것이 더 합리적일 거다.

요컨대, 지방교육자치는 헌법이 직접적으로 예정한 제도가 아니라, 정치적 결단과 제도적 설계의 산물이다. 이는 교육의 자율성과 공공성을 확보하기 위한 하나의 가능성 있는 정책적 장치로 이해되어야 한다.

---

8   김대환(2010). "헌법상 제도보장에 있어서 핵심영역의 보장", 「헌법실무연구」 10권.

질문 5.

1991년 지방교육자치법은 왜 만들어졌는가?

「지방교육자치법」은 1991년 제정되었는데, 당시의 목적과 현재 지방교육자치의 모습 사이에는 중요한 변화와 함께 여러 충돌 지점이 존재한다. 이 법은 단순히 기존 교육법의 내용을 옮겨놓은 것을 넘어[9], 당시 지방자치 시대의 개막이라는 큰 흐름 속에서 교육의 특정 가치들을 구현하려는 목적이 있었다.

지방교육자치법이 만들어진 배경 및 제정 당시의 목적

1991년 「지방교육자치에 관한 법률」(법률 제4347호)이 제정된 배경

---

9   이때 교육법에서는 제2장(교육위원회, 교육장), 제3장(지방교육 재정)이 삭제되었다.

과 목적은 당시의 제정·개정 이유[10]와 국회 심사보고서[11]에 명확히 나타나 있다.

① 기존 교육법 조항의 분리 및 독립성 확보

당시 교육법에 흩어져 있던 교육·학예 사무의 관장 기관 설치와 조직·운영에 관한 사항들을 별도의 법률로 분리하여 제정했다. 이는 교육행정의 독립적인 위상을 확보하려는 의도였다. 국회 전문위원 검토보고서에 따르면 이는 '현행법에 대한 개정 법률안' 성격이었다.

② 교육의 자주성 및 전문성 신장

법 제1조의 목적으로 "교육의 자주성 및 전문성을 신장시키고"를 명시하여, 교육의 특수성과 전문가들의 자율적인 판단을 존중하겠다는 의지를 보였다. 이는 교육이 정치적 영향이나 일반행정의 간섭에서 벗어나야 한다는 당시의 요구를 반영한 것이다.

---

10 법제처 국가법령정보센터(https://www.law.go.kr/LSW/main.html) 「지방교육자치에 관한 법률」의 연혁법령 참조

11 국회 의안정보시스템(https://likms.assembly.go.kr/bill/main.do) 13대 국회 자료를 확인하면 된다. 정부 제출 법률안에 대한 심사보고서를 확인할 수 있다.

③ 지방교육의 특수성 강조

"지방교육의 특수성을 살리며"라는 목적도 중요한 부분이었다. 이는 지역의 실정에 맞는 교육을 추구하려는 의지를 담았다.

④ 교육의 지역 간 균형 발전 도모

"교육의 지역 간 균형 발전을 도모하기 위하여"라는 목적도 포함되어 있다. 이는 지역 간 교육 격차 해소와 고른 발전을 지향한다는 뜻으로 해석된다.

⑤ 광역자치단체 중심의 교육사무 관장

교육·학예 사무의 관장 기관을 특별시·직할시 및 도(광역자치단체)로 한정하고, 교육위원회를 시·도 단위에 두도록 했다. 이는 당시 기초자치단체 교육자치 운영의 비효율성(막대한 재정 수요, 소규모 교육청 발생, 인사 경직성 등)에 대한 우려가 반영된 결과였다.

⑥ 교육위원 및 교육감 간선제

당시 교육위원은 시·군·구의회가 추천한 자 중에서 시·도의회에서 선출하고, 교육감은 교육위원회에서 선출하도록 규정했다. 이는 간접 선거 방식을 통해 교육 전문가 및 지역 대표의 의견을 반영하려던 의도였다. 선거 과열 및 비교육적 후유증 우려가 간선제 주장의 근거였다.

요약하자면, 1991년 「지방교육자치법」은 지방자치의 큰 흐름 속에서 교육의 독립적 위상을 확립하고, 전문성과 특수성을 살려 지역 교육의 균형 발전을 이루고자 하는 목적으로 제정되었으며, 이를 위해 광역 단위의 간선제 교육자치 모델을 채택했다.

현재 제도와의 비교

「지방교육자치법」은 1991년 제정 이후 여러 차례 개정되었고, 특히 교육감 직선제 도입(2010년)이라는 중대한 변화를 겪었다. 이러한 변화는 제정 당시의 목적에 대한 충실도와 새로운 충돌 지점을 만들었다.

- 사무 범위: 현재 「지방교육자치법」 제2조는 '교육 · 과학 · 기술 · 체육 그 밖의 학예'를 '교육 · 학예'로 통칭하여, 제정 당시부터 사무 범위의 확장을 명시했다. 이는 변화하는 시대적 요구에 따라 교육의 영역을 넓히려는 취지로 볼 수 있다.
- 목적 조항: 법 제1조의 목적(교육의 자주성 및 전문성, 지방교육의 특수성)은 현재까지 그대로 유지되고 있다. 즉, 법률이 추구하는 근본적인 가치는 변하지 않았다.
- 교육감 선출 방식: 제정 당시 간선제(교육위원회에서 교육감 선출)를 택했던 것과 달리, 현재는 주민의 직접 선거로 선출한다. 제정 당시 간선제를 택

했던 이유는 막대한 선거 비용과 과열된 선거 운동으로 인한 '비교육적 후유증'을 걱정했기 때문이었다. 그러나 직선제 도입 이후, 교육감 선거는 낮은 투표율 속에서 진영 간 대결로 치러지고, 특정 집단의 영향력이 과다하게 대표될 수 있다는 문제(예: 2025년 ○○ 교육감 재선거에서 11.6% 지지율 당선)와 사법 리스크가 지속되는 등의 비판에 직면해 있다. 이는 제정 당시 걱정했던 '비교육적 후유증'이 다른 형태로 나타나고 있음을 시사한다.

- '주민 대표성' 강조의 역설: 직선제는 '주민 대표성 제고'를 명분으로 도입되었지만, 낮은 투표율과 특정 정치적 색채의 강화로 인해 과연 교육감의 '민주적 정당성'이 충분히 확보되는지에 대한 의문이 제기된다. 이는 '교육의 자주성, 전문성, 정치적 중립성'이라는 가치가 선거 과정의 정치화에 의해 훼손될 수 있음을 보여준다.

질문 6.

지방교육자치가 처음 시행된 1952년 이후로 지방교육행정은 어떻게 변화됐는가?

대한민국 지방교육자치는 1952년 시작 이래로 다양한 정치적, 사회적 변화 속에서 그 형태와 운영 방식이 끊임없이 변화해 왔다. 1952년 이후부터 현재에 이르기까지 지방교육행정이 어떻게 변화해 왔는지를 시기별로 정리하면 아래와 같다.[12]

1. 실행기 (1952년 4월 23일 ~ 1961년 5월 15일)
: 이 시기는 대한민국에서 지방교육자치가 처음으로 시행된 기간이다.

1) 배경 및 단위: 1952년 4월 23일 「교육법시행령」이 공포되고, 같은 해 6월 24일에는 군(郡)교육구와 시(市)교육위원회가 설치되면서 우리나라 지

---

12 이충렬·임동완(2023), "한국의 지방교육자치제도 변천에 관한 고찰", 『한국행정사학회지』 58호(2023.8), p103-127.을 바탕으로 하고 있다.

방교육자치제가 역사적인 출범을 보았다. 초기에는 6.25 전쟁으로 인해 한강 이남에만 실시되었고 주로 초등교육만을 관장했다.

2) 조직 및 역할:

- 군 교육구: 법인 성격을 가지는 교육자치단체였으며, 군교육위원회는 의결기관, 교육감은 집행기관이었다.
- 시 교육위원회: 합의제 집행기관이었고, 시의회가 최종 의결기관이었다.
- 이 시기의 교육위원회는 특별시와 시·도·군 단위에 설치되었는데, 군 단위는 지방자치단체로부터 독립된 교육구를 설치하여 의결기관으로 교육위원회를 두었으나, 도 단위의 교육위원회는 심의기관으로 도지사의 자문 역할을 담당하고 의결은 도의회가 했다.

3) 특징 및 문제점: 종래 시장·군수의 관장 아래 있던 교육행정을 독자적인 교육행정으로 독립시켜 교육의 자주성과 독립성을 확립한 의미 있는 기간으로 평가된다. 그러나 제도와 운영상의 문제점(교육위원 및 교육감의 자질 부족, 선거 부정 등)으로 거센 반발이 있기도 했다. 1960년 4.19 혁명 이후 완전 자치제를 지향하는 전면 개편이 시도되기도 했으나 더 이상의 변화는 없었다.

2. 과도기 (1964년 1월 1일 ~ 1988년 4월 5일)

: 5.16 군사정변으로 교육자치가 중단(암흑기)된 후, 1963년 교육법 개정을 통해 형식적으로 교육자치가 부활된 시기이다. 하지만 중앙집권적 운영이 지속되었다.

1) 배경 및 단위: 1963년 개정된 교육법이 교육자치 부활의 기초가 되었고, 1964년 1월부터 발족한 교육자치제는 특별시·직할시·도(시·도 단위 광역지방자치)를 교육구로 하는 교육자치를 실시하도록 규정했다. 이는 이전의 시·군 단위에서 광역 단위로의 큰 변화였다.
2) 조직 및 역할:
- 교육감 선출: 교육위원회에서 무기명 투표로 선임·추천하고 문교부장관의 제청으로 대통령이 임명했다.
- 교육위원회: 시·도 지방자치단체의 장과 교육감을 당연직 위원으로 하고 지방의회에서 선출되는 5인을 교육위원으로 구성했다. 다만, 과도기적 조치로 지방의회 구성 때까지 문교부 장관이 교육위원을 임명하는 방식으로 28년간 합의제 집행기관으로 운영되었다.
3) 특징: 교육자치가 부활하였음에도 지방의회는 성립되지 않았고, 교육위원회 의결권이 내무부 장관이나 도지사에게 귀속되는 등 매우 형식적인 형태로만 운영되었다. 이는 교육행정이 실질적으로 중앙정부의 강력한 통제 아래에 있었다는 것을 의미한다.

3. 발전기 (1991년 3월 8일 ~ 현재)

: 1987년 민주화 이후 지방자치가 재개되면서 지방교육자치도 실질적인 변혁기를 맞았고, 현재에 이르고 있는 시기다.

가. 초기 (1991년 ~ 2006년): 광역단위, 간선제 교육감, 교육위원회 존재

1) 법적 토대 마련: 1991년 3월 8일 「지방교육자치에 관한 법률」이 제정·공포되면서 명실상부한 교육자치의 법적 토대가 마련되었다.
2) 단위 한정: 이 법은 교육자치 실시 단위를 광역자치단체(시·도)로 한정했다.
3) 조직 및 역할: 교육위원회는 심의·의결기관, 교육감은 독임제 집행기관으로 규정되어 교육의 자주성·전문성 등을 살리는 방향으로 교육행정을 자율 운영하도록 했다.
4) 교육감 선출: 교육감은 교육위원회의 간접 선거 방식으로 선출되었다. 초기에는 시·도의회 의원들이 교육위원을 선출했고, 이후 학교운영위원회 선거인단과 교원단체 선거인 등으로 선거인단이 확대되어 교육감을 선출하는 방식으로 변천했다.
5) 문제점: 이 시기에도 교육위원 및 교육감 선거가 과열되고 혼탁해지면서 비리가 발생하여, 1997년에는 간접선거 및 선거운동을 원칙적으로 금지하는 법 개정이 이루어지기도 했다.

나. 후기 (2006년 ~ 현재): 교육감 직선제 도입, 교육위원회 폐지

1) 교육감 직선제 도입: 2006년 12월 「지방교육자치법」의 전부개정을 통해

교육감 선출 방식이 주민의 보통·평등·직접·비밀선거로 변경되었다. 이는 교육감에게 강력한 민주적 정당성을 부여했다.

2) 교육위원회 폐지: 2006년 교육위원회는 시·도의회의 상임위원회로 개편되었고, 이후 2010년 2월 법률 개정을 통해 제주도를 제외한 시·도에서 교육의원제가 폐지되고 교육위원회 관련 조항들이 삭제되었다. 이로써 교육감은 명실상부하게 주민을 대표하는 교육자치단체의 수장이 되었으나, 교육자치 의결기관의 부재라는 아쉬움이 남았다.

3) 특징 및 문제점: 교육감의 독자적인 위상이 강화되었으나, 교육의 정치화 심화, 전문성 약화, 책임성 확보의 어려움, 일반행정과의 협력 지연 등 많은 논란을 겪고 있다.

이처럼 한국의 지방교육자치제도는 도입 이후 여러 차례의 변화를 겪으며 교육행정의 독립성과 민주성을 추구해 왔지만, 각 시기마다 다른 형태의 조직과 운영 방식, 그리고 다양한 문제점들을 경험해 왔다.

한국 지방교육자치의 변천사는 다음과 같은 중요한 시사점을 제공한다.

① **자율성과 효율성의 끊임없는 균형점 모색**

지방교육자치는 교육의 자주성과 전문성을 확보하려는 이상에서 출발했지만, 중앙집권적 통제, 재정적 제약, 행정 효율성 문제 등 현실적인 제약 속에서 끊임없이 자율성과 효율성 사이의 균형점을 찾았다. 이는 교육행정 체제 개편 논의가 단순히 '자치'만을 강조할 것이 아니라, 실질적인 교육의 질 향상과 효율적인 행정 운영이라는 목표를 함께 고려해야 함을 보여준다.

② 제도의 변화가 반드시 긍정적 결과로 이어지지 않음

교육감 선출 방식의 변화(간선제 → 직선제)나 교육위원회의 존폐는 교육의 민주적 정당성 확보라는 긍정적 측면도 있었지만, 동시에 교육의 정치화 심화, 이념 대결, 교육행정의 비효율성 등 예상치 못한 부작용을 낳기도 했다. 이는 제도의 형태 그 자체가 목적이 될 수 없으며, 제도가 지향하는 본질적인 가치와 목표를 달성할 수 있는 실질적인 운영 방안이 중요함을 시사한다.

③ 교육행정은 고립될 수 없는 통합적 영역

과거 교육자치가 일반행정으로부터 독립하려는 시도와 현재 교육과 일반행정 간의 연계 부족 문제는, 교육이 사회 전반의 복지, 도시 계획, 산업 발전 등과 분리될 수 없는 통합적인 영역임을 명확히 보여준다. 미래의 지방교육행정 체제는 이러한 통합적 관점에서 일반 지방자치와의 유기적인 협력 모델을 구축하는 데 중점을 두어야 한다.

④ 국민의 '교육받을 권리' 보장이 핵심

궁극적으로 지방교육자치의 모든 논의는 헌법상 국민의 '교육받을 권리'와 '학습권'을 가장 효과적으로 보장하고, 모든 국민이 언제 어디서든 필요한 교육을 받을 수 있는 '학습복지사회'를 구축하는 데 이바지해야 한다. 교육감 선출 방식이나 교육청의 조직 형태는 이러한 궁극적인 목표를 달성하기 위한 수단일 뿐, 그 자체가 목적이 될 수 없다. 과거의 시행착오를 통해 우리는 교육 정의 실현이라는 본질적인 가치를 중심으로 교육행정 체제를 재설계해야 한다는 교훈을 얻을 수 있다.

질문 7.

교육감은 지방자치단체 전체를 대표하는가?

현행 법률 체계와 제도적 설계에 따르면 교육감은 지방자치단체 전체를 대표하는 것이 아니라, '교육·학예에 관한 소관 사무'에 한정하여 해당 지방자치단체(시·도)를 대표하는 역할을 수행한다. 그러나 직접 선거를 통해 선출된다는 정치적 위상 때문에 종종 전체를 대표하는 역할을 수행하려 하면서 다양한 문제가 발생한다.

교육감 대표권의 법적 근거와 해석

「지방자치법」 제114조는 "지방자치단체의 장은 지방자치단체를 대표하고, 그 사무를 총괄한다."라고 명시하며, 시장·도지사가 해당 지방자치단체 전체를 대표하는 기관장임을 분명히 하고 있다.

반면 교육감의 대표권은 「지방교육자치법」 제18조(교육감) 제2항에서 "교육감은 교육·학예에 관한 소관 사무로 인한 소송이나 재산의 등기 등에 대하여 해당 시·도를 대표한다."라고 명시하고 있다.[13] 이는 교육감의 대표권이 법적으로 ① 교육·학예에 관한 사무에 한정되며, ② 그중에서도 주로 소송이나 재산의 등기 등 특정 법률적·행정적 절차에 국한된다는 것을 명확히 보여준다.

이러한 법적 규정에 따르면, 교육감은 지방자치단체 전체의 포괄적인 대표자라기보다는, 지방자치단체 내 '교육·학예'라는 특정 기능 분야의 행정을 책임지고 그 범위 내에서 제한적인 대표 권한을 갖는다고 해석하는 것이 옳다. 이러한 역할 설정은 일반자치와 교육자치가 이원화된 체제로 분리되어 운영되는 대한민국의 특수성을 반영한 것이다.

역할 설정의 현실적 괴리와 문제점

그러나 교육감의 법적 대표권이 이처럼 제한적임에도 불구하고, 실제 현실에서는 다음과 같은 괴리와 문제점들이 발생한다.

---

13 「지방교육자치법」 제정 당시에는 없던 조항이다. 95년 7월 26일 개정하면서 추가된 조항이다. 법제처 사이트에서 확인하는 개정이유는 '교육·학예에 관한 사무로 인한 소송 및 교육재산의 등기에 관하여 대표권을 인정'한다고 규정하고 있다.

① 직선제로 인한 '정치적 대표성' 주장과 충돌

교육감은 시·도지사와 마찬가지로 주민의 직접 선거로 선출되는 선출직 공무원이다. 이러한 선출직이라는 정치적 위상은 교육감에게 법적 대표권을 넘어선 '정치적 대표성'을 주장할 근거를 제공한다. 지방자치법은 시·도지사가 지방자치단체를 대표한다고 명확히 한 반면, 「지방교육자치법」 제18조 제2항에서 교육감의 대표권을 일부 예외적으로 인정하는 것은 법률 간의 불필요한 혼선을 야기하며 올바른 입법 태도는 아니다. 이러한 정치적 대표성 주장은 시·도지사와의 관계에서 불필요한 경쟁과 권한 갈등을 초래한다.

② 일반행정기관과의 협력 지지부진

교육감이 제한적인 법적 대표권에도 불구하고 포괄적인 정치적 대표성을 주장하며 '교육자치의 독립성'을 과도하게 내세울 때, 이는 일반 지방자치단체와의 협력을 저해하고 '고립'을 자초하는 결과를 낳게 된다. 학교 앞 도로 문제, 돌봄 정책, 학교 보건 및 시설 관리 등 교육과 일반행정이 중첩되는 '복합 정책 영역'에서 협력이 지지부진해지며 '거래 비용[14]'이 증대되고, 결국 주민들은 파편화된

---

14 거래 비용(transaction cost)은 조직이나 개인이 거래나 협의를 할 때 발생하는 모든 비용을 말한다. 단순히 금전적 비용뿐만 아니라, 시간과 노력, 정보 수집, 협상, 모니터링, 갈등 해결 비용도 포함된다. 교육청과 지자체 일반행정관서 사이에는 막대한 거래 비용이 발생한다. 보고서 준비, 회의, 정책결정, 갈등 조정 등 거의 모든 영역에서 발생한다. 따라서 시설 관리, 환경 조성, 안전 관리 등을 지자체가 통합해서 관리하면 이러한 거래비용은 대폭 감소될 것이며, 신속한 결정과 즉시 지원, 그리고 단일 주체가 책임지는 구조로 변하기 때문에 책임성도 높아질 것이다. 학교 역시 교육 그 자체에 집중할 여력이 생겨난다. 교육청이 담당해 왔던 업무 중에 이런 영역이 곳곳에 존재한다.

서비스를 받게 된다.

③ 주민 혼란과 책임 소재의 불분명

주민 입장에서는 자신들이 뽑은 시·도지사와 교육감이 각각 다른 정책 방향을 제시하고, 학교와 관련된 문제 발생 시 책임 소재가 불분명해지는 혼란을 겪게 된다. '아이는 한 명인데 지원은 두 방향에서 따로 오거나, 문제는 발생했는데 아무도 책임지지 않는' 상황이 생길 수 있다. 이는 이러한 대표권의 모호성과 이원화된 행정 체계에서 비롯된다.

질문 8.

1995년 「지방교육자치법」을 개정하면서 왜 교육감의 대표권을 포함했을까?

    1995년 7월 26일 「지방교육자치법」 개정 전에는 교육감을 단순히 "시·도의 교육·학예에 관한 사무의 집행기관"으로만 규정하고 '대표' 권한에 대한 명시가 없었다. '대표' 내용이 추가된 이유는 법제처 국가법령정보센터[15]에 수록된 「지방교육자치법」 연혁법령의 '개정 이유'에서 확인해 볼 수 있다. 개정 이유에는 '교육·학예사무로 인한 소송 및 교육재산의 등기에 관하여 교육감을 당해 시·도의 대표로 하며'라는 문구가 있다. 이는 당시 실무적으로 다음과 같은 구체적인 문제들을 야기하며 교육감에게 대표 권한을 부여할 필요성이 대두되었을 거로 추정된다.[16]

---

15   https://www.law.go.kr/LSW/main.html
16   추정이다. 그러나 오랜 실무 경험을 바탕으로 볼 때 거의 사실에 가까울 것이다.

① 소송 주체의 불명확성으로 인한 행정 지연 및 혼란

교육 관련 소송 발생 시 주체 모호: 학교 폭력 분쟁, 학교 건물 하자 소송, 교원 인사 관련 소송, 급식 관련 분쟁 등 교육·학예 사무로 인해 법적 분쟁(소송)이 발생했을 때, 해당 소송의 원고 또는 피고로서 '시·도'를 대표하여 법적 절차를 밟을 명확한 주체가 없었다.

- 시·도지사의 과도한 부담 및 비전문성: 교육감과 교육청이 실질적인 교육 사무를 집행함에도 불구하고, 소송 주체는 시·도지사(지방자치단체 전체의 대표)여야 한다는 법리적 해석이 우세했을 거다. 이 경우 시·도지사는 본인의 전문 영역이 아닌 교육 관련 소송에 일일이 관여하고 서류를 결재해야 하는 과도한 부담을 안게 됐다. 동시에 교육 법률에 대한 전문성이 부족하여 비효율적인 소송 대응으로 이어질 수 있었다.
- 사건 처리 지연: 시·도지사의 승인과 결재를 받기 위한 불필요한 행정 절차가 추가되어, 소송의 신속한 진행을 방해하고 교육 관련 분쟁의 해결을 지연시키는 원인이 됐다. 이는 '거래 비용'의 증가로 이어졌다.

② 교육 재산의 등기 및 관리에 대한 행정 병목 현상

- 부동산 등기 절차의 복잡성: 학교 부지, 교사(校舍), 체육관 등 교육용 재산은 '시·도'의 소유로 등기되지만, 실질적인 관리 및 운영은 교육청이 담당했다. 새로운 학교 용지 매입, 기존 학교 시설 증축에 따른 등기 변경, 폐교 재산의 처분 등 교육 재산과 관련된 법적 등기 행위를 할 때, 교육감에게 대표권이 없으면 모든 등기 서류에 시·도지사의 서명이나 날

인을 받아야 했을 거로 보인다.
- 의사결정 및 집행의 지연: 교육감이 재산 관리의 필요성을 인지하고도 시·도지사의 결재를 기다려야 하므로, 학교 신설, 증축, 시설 개선 등 교육 환경 개선 사업이 불필요하게 지연되는 병목 현상이 발생했을 수 있다. 이는 교육 행정의 자율성과 효율성을 크게 저해하는 요인이었다고 추정된다.

③ 교육감의 법적 위상 및 업무 권한의 모호성

- 책임과 권한의 불일치: 교육감은 교육·학예 사무에 대한 집행의 최종 책임자임에도 불구하고, 소송이나 재산 관련과 같은 중요한 법적 행위의 '대표' 권한이 없다는 것은 책임과 권한의 불일치를 초래했다. 이는 교육감의 리더십 발휘를 제약하고, 교육 행정의 자율성과 추진력을 약화시켰을 거로 생각된다.
- 대외적 위상 약화: 교육감이 교육청을 대표하여 대외적인 법적 행위를 직접 수행할 수 없다는 점은 교육감의 대외적 위상을 약화시키고, 교육자치가 일반행정의 하위 개념으로 인식되는 데 일조했을 수 있다.

이러한 실무적 문제들은 1995년 민선 지방자치단체장 선거의 실시와 맞물려 더욱 두드러졌을 거다. 시·도지사의 대표권이 민주적 정당성을 통해 강화되는 시점에서, 교육감에게도 교육 분야에 대한 제한적인 법적 대표 권한을 부여함으로써 교육 행정의 효율성을 높이고 이원화된 자치 체계 내에서 교육감의 위상을 정립하려는 필요성이 절실해진 것이라고 볼 수 있다.

제3부에서는 대한민국 교육에서 국가와 지방의 책임 경계가 어떻게 설정되어 있는지를 법령과 실제 사례를 통해 면밀히 살펴본다. 특히 「지방자치법」이 제시하는 사무 배분 원칙과 「지방교육자치법」이 규정하는 교육 사무 간의 불일치 및 입법적 혼선을 비판적으로 분석한다. 나아가 헌법재판소가 지방교육자치의 특수성을 인정하며 사용한 '영역 자치', '이중의 자치' 등의 개념이 법적으로 모호하며, '교육고권' 담론으로 이어져 민주적 통제를 약화시킬 수 있는 위험성을 집중적으로 조명한다. 제3부는 국가와 지방의 교육 사무가 명확히 구분되지 않고, 헌법 해석조차 그 혼란을 배가함으로써 지방자치 본연의 목적과 충돌하며 교육 행정의 비효율을 심화시키는 계기가 됨을 밝힌다.

제3부.

지방자치와 지방교육자치의 연계

질문 9.

교육에서 국가와 지방의 사무는 어떻게 구분하나?

우리나라의 '지방교육사무'는 교육·과학·기술·체육 그 밖의 학예(이하 "교육·학예"라고 한다)에 관한 사무를 말하며, 이는 법적으로 특별시·광역시 및 도(시·도)의 사무로 관장된다. 그러나 교육은 국가와 지방자치단체가 공동으로 책임지는 영역이기에, 그 경계를 명확히 설정하는 것은 중요한 과제이다.

지방자치법이 말하는 사무 배분의 원칙과 지방교육사무의 범위

「지방자치법」은 국가와 지방자치단체가 어떤 사무를 맡아야 하는지에 대한 중요한 원칙들을 제시하고 있다.

① 사무 배분의 기본 원칙 (지방자치법 제11조)

- 중복 금지 및 효율성: 국가는 지방자치단체가 스스로 일을 처리할 수 있도록, 국가와 지방자치단체 간 또는 지방자치단체 서로 간의 사무가 겹치지 않도록 나누어 주어야 한다. 이때 주민이 편리하고, 업무가 효과적으로 집행되는지 등을 고려해야 한다.
- 계층별 배분: 지역 주민 생활과 밀접한 사무는 시·군·자치구(기초자치단체)가, 기초자치단체가 처리하기 어려운 사무는 시·도(광역자치단체)가, 그리고 시·도가 처리하기 어려운 사무는 국가가 맡도록 하는 것이 원칙이다.
- 포괄적 배분: 국가가 지방자치단체에 사무를 맡길 때는, 해당 지방자치단체가 그 사무를 책임지고 종합적으로 처리할 수 있도록 관련 사무들을 통째로(포괄적으로) 배분해야 한다. 이는 책임 행정을 가능하게 하려는 취지이다.

② 지방자치단체의 사무 범위 예시 (지방자치법 제13조)

「지방자치법」제13조 제2항은 지방자치단체의 사무를 구체적으로 예시하는데, 이 중 '5. 교육·체육·문화·예술의 진흥'이라는 항목이 있다. 이 항목 안에는 어린이집·유치원·초등학교·중학교·고등학교 및 이에 준하는 각종 학교의 설치·운영·지도, 그리고 도서관·운동장·광장·체육관·박물관·공연장·미술관·음악당 등 공공교육·체육·문화시설의 설치 및 관리 등이 명시되어 있다.

이러한 「지방자치법」 제13조의 규정을 볼 때, 원칙적으로 지방자치단체 산하 집행기관인 교육청의 사무는 바로 이 '교육·체육·문화·예술의 진흥' 범주 내에서 존재하게 된다. 역으로 해석하면, 이 범위를 벗어나는 것은 애초부터 지방자치단체의 사무가 될 수 없다. 다만, 각 사무의 구체적인 범위와 내용은 「지방교육자치법」, 「초·중등교육법」 등 개별 법률을 통해 더 자세히 판단해야 한다.

교육의 국가 책임과 지방 책임의 경계

교육은 헌법상 국민의 기본권이자 국가의 중요한 책무이기에, 그 책임이 국가와 지방자치단체에 공동으로 부여된다. 현행 법령은 이 경계를 다음과 같이 설정하고 있지만, 실제 운영에서는 여러 복잡성과 충돌이 발생한다.

① 국가 책임의 범위

- 교육 제도 및 기준 마련: 국가는 헌법 제31조 제4항에 따라 교육의 큰 틀과 원칙(자주성, 전문성, 정치적 중립성)을 정하며, 「교육기본법」 제9조(학교교육)에서 유·초·중·고등교육에 관한 기본 방향을 제시하고 있다. 국가교육위원회는 교육과정의 기준과 내용을 정하고, 교육부장관은 교육과정이 안정적으로 운영되도록 후속 지원 계획을 수립·시행한다.
- 교원 자격 및 정원 관리: 교원의 자격 기준(교장, 교감, 교사 등)은 교육부장관이 검정·수여하며, 학교에 두는 교직원 정원은 대통령령으로 정하고

교육부장관은 매년 국회에 보고한다. 교육공무원(국립대학 교원, 교육감 소속 교육 전문직 제외) 인사에 관한 중요 사항은 교육부에 두는 '교육공무원 인사위원회' 심의를 거쳐 교육부장관이 결정한다.

- 재정 부담: 「지방교육재정교부금법」에 따라 의무교육에 종사하는 교원의 보수 등 의무교육 관련 경비는 국가가 부담한다. 국가는 예산 범위 내에서 시·도의 교육비를 보조할 수 있다.
- 지도·감독 및 평가: 국립학교는 교육부장관의 지도·감독을 받으며, 교육부장관은 교육행정을 효율적으로 수행하기 위해 시·도 교육청과 그 담당 학교를 평가할 수 있으며, 교육시설의 안전 및 유지관리에 관한 통계를 작성·관리하고, 관련 계획(교육시설기본계획)을 수립·시행한다. 위법·부당한 지방 교육행정에 대한 시정·취소 권한도 가진다.
- 국가 사무의 위임: 국가 행정사무 중 시·도에 위임하여 시행하는 교육·학예에 관한 사무는 교육감에게 위임하여 행하는 것을 원칙으로 한다.

② **지방 책임의 범위**

- 자체 사무 관장 및 집행: 시·도는 교육·학예에 관한 사무를 관장하고, 교육감은 해당 시·도의 교육·학예에 관한 사무의 집행기관으로서 이를 총괄한다. 소속 공무원(국가공무원인 부교육감, 지방공무원 등)을 지휘·감독하고 임용·교육훈련·복무·징계 등을 처리한다. 하급 교육행정기관으로서 교육지원청을 두며, 교육지원청에 교육장을 두어 시·도 교육감으로부터 사무를 위임받아 분장한다.
- 의무교육 시설 설치·경영: 지방자치단체는 관할 구역의 의무교육대상자를 모두 취학시키는 데 필요한 초등학교, 중학교 및 특수학교를 설립·

경영해야 한다.
- 재정 및 회계: 시·도의 교육·학예 경비를 따로 관리하기 위해 해당 지방자치단체에 교육비 특별회계를 둔다. 교육감은 교육시설 환경 개선을 위한 기금도 설치할 수 있다.
- 조례 및 교육 규칙 제정: 시·도의회는 교육·학예에 관한 조례를 제정·개정·폐지할 권한을 가지며, 교육감은 법령 또는 조례 범위에서 교육 규칙을 제정할 수 있다.
- 학교 지도·감독: 공립·사립학교는 교육감의 지도·감독을 받으며, 교육감은 관할 학교에 대한 장학지도를 할 수 있고, 학교 및 교육행정기관을 평가할 수 있다.
- 지역 특성 반영: '지방교육의 특수성을 살린다.'라는 「지방교육자치법」의 목적에서 알 수 있듯이, 각 지역의 필요와 여건에 맞는 교육정책을 수립하고 집행할 책임이 지방에 있다.

국가와 지방의 사무 경계 설정의 어려움

현행 법령은 국가와 지방의 교육 책임 경계를 명시하고 있지만, 실제 운영에서는 여러 난점이 발생하며, 이는 지방자치의 본질과 충돌하는 지점을 만들어낸다.

① 지방자치법 제15조의 추상성

지방자치법 제15조[17]는 지방자치단체가 처리할 수 없는 국가 사무를 예시한다. 여기에는 외교, 국방, 사법, 국세 등 명확한 국가 고유 사무 외에 '전국적으로 통일적 처리가 필요한 사무', '전국적 규모의 사무', '고도의 기술이나 많은 재정이 필요한 사무' 등이 포함된다. 그러나 이 조항들은 매우 추상적이어서 교육 관련 사무가 여기에 해당하는지에 대한 명확한 기준이나 가이드라인이 없다. 예를 들어, 전국적인 표준이 필요한 교육과정 개발(국가교육위원회 권한)은 전국적으로 통일적 처리가 필요한 사무로 볼 수 있지만, 그 외의 교육 관련 사무가 어디까지 국가 사무에 해당하는지는 불분명하다. 결국, 이러한 논란은 법률 전문가의 해석이나 사법적 판단(법원의 판결)을 통해 해결해야 하는 경우가 빈번하게 발생한다. 이처럼 「지방자치법」만으로는 국가와 지방의 교육사무 배분이 명확하게 이루어지기 어렵다.

17 　제15조(국가사무의 처리 제한) 지방자치단체는 다음 각 호의 국가사무를 처리할 수 없다. 다만, 법률에 이와 다른 규정이 있는 경우에는 국가사무를 처리할 수 있다.
　　1. 외교, 국방, 사법(司法), 국세 등 국가의 존립에 필요한 사무
　　2. 물가정책, 금융정책, 수출입정책 등 전국적으로 통일적 처리를 할 필요가 있는 사무
　　3. 농산물·임산물·축산물·수산물 및 양곡의 수급조절과 수출입 등 전국적 규모의 사무
　　4. 국가종합경제개발계획, 국가하천, 국유림, 국토종합개발계획, 지정항만, 고속국도·일반국도, 국립공원 등 전국적 규모나 이와 비슷한 규모의 사무
　　5. 근로기준, 측량단위 등 전국적으로 기준을 통일하고 조정하여야 할 필요가 있는 사무
　　6. 우편, 철도 등 전국적 규모나 이와 비슷한 규모의 사무
　　7. 고도의 기술이 필요한 검사·시험·연구, 항공관리, 기상행정, 원자력개발 등 지방자치단체의 기술과 재정능력으로 감당하기 어려운 사무

② 지방교육자치법 제20조의 구체성 결여(후술)

지방교육자치법 제20조[18]는 교육감의 관장 사무를 열거하고 있지만, 이 역시 추상적인 수준이다. 예를 들어, '교육과정의 운영에 관한 사항'이라고 되어 있지만, 「초·중등학교 교육과정 총론」을 보면 국가교육위원회가 기본적인 기준과 내용을 정하고 교육감은 그 범위 안에서 지침을 마련할 뿐이다. 또한, '소속 국가공무원 및 지방공무원의 인사관리에 관한 사항'이라 해도, 교육공무원법을 보면 부교육감은 대통령이 임명하고, 교사의 신규 채용도 교육부장관의 권한인 경우가 많아 교육감의 권한이 제한적이다. 따라서 이 조항만으로는 지방교육사무의 정확한 범위를 파악하기 어렵다. 결국, 교육 관련 법령을 전부 해석하고 실제 행정 실무를 파악해야만 국가와 지방의 교육 사무 경계를 제대로 이해할 수 있는 한계를 가진다.

---

18 제20조(관장사무) 교육감은 교육·학예에 관한 다음 각 호의 사항에 관한 사무를 관장한다.
　1. 조례안의 작성 및 제출에 관한 사항
　2. 예산안의 편성 및 제출에 관한 사항
　3. 결산서의 작성 및 제출에 관한 사항
　4. 교육규칙의 제정에 관한 사항
　5. 학교, 그 밖의 교육기관의 설치·이전 및 폐지에 관한 사항
　6. 교육과정의 운영에 관한 사항
　7. 과학·기술교육의 진흥에 관한 사항
　8. 평생교육, 그 밖의 교육·학예진흥에 관한 사항
　9. 학교체육·보건 및 학교환경정화에 관한 사항
　10. 학생통학구역에 관한 사항
　11. 교육·학예의 시설·설비 및 교구(敎具)에 관한 사항
　12. 재산의 취득·처분에 관한 사항
　13. 특별부과금·사용료·수수료·분담금 및 가입금에 관한 사항
　14. 기채(起債)·차입금 또는 예산 외의 의무부담에 관한 사항
　15. 기금의 설치·운용에 관한 사항
　16. 소속 국가공무원 및 지방공무원의 인사관리에 관한 사항
　17. 그 밖에 해당 시·도의 교육·학예에 관한 사항과 위임된 사항

③ 단체위임사무와 기관위임사무의 구분

국가와 지방의 사무 배분에서 또 하나 고려해야 할 중요한 개념은 단체위임사무와 기관위임사무의 구분이다. 단체위임사무란, 국가가 지방자치단체 '그 자체'에 위임하는 사무를 말한다. 이 경우 지방자치단체는 자신의 고유 사무처럼 처리하며, 해당 사무에 대한 민주적 책임은 지방자치단체에 귀속된다. 재정 부담도 원칙적으로 지방자치단체가 진다. 기관위임사무란, 국가가 지방자치단체의 장 '개인'에게 위임하는 사무를 말한다. 이때 지방자치단체의 장은 국가 기관 일부처럼 해당 사무를 처리하며, 최종적인 책임은 국가에 있다. 재정 부담도 국가가 지는 것이 원칙이다. 교육사무 중에는 이 두 가지 성격이 혼재되어 있는데, 이 구분이 모호해지면 책임 소재가 불분명해지고, 지방의 자율성과 국가의 통일성 사이에서 갈등이 발생하기 쉽다. 그러나 이 역시 매우 불분명하다.

④ 지방자치의 본질적 목표와의 충돌 여부

헌법과 「지방자치법」이 지향하는 지방자치의 본질은 주민 복리 증진, 민주적이고 능률적인 행정 수행, 지역의 균형 발전이다. 현재의 지방교육자치가 이러한 본질적 목표를 충실히 따르고 있는지는 회의적인 시각이 많다.

⑤ 주민 복리 증진 vs. 교육의 특수성

헌법과 「지방자치법」이 주민 복리 증진을 지방자치의 최우선 목표로 삼지만, 「지방교육자치법」은 '교육의 자주성 및 전문성, 지방교육의 특수성'을 전면에 내세운다. 물론 교육이 주민 복리의 중요한 부분임은 분명하나, '특수성'이 과도하게 강조되면 교육행정이 주민의 직접적인 요구보다는 교육 전문가 집단이나 특정 이념의 논리에 의해 운영될 위험이 있다. 이는 주민이 체감하는 복리 증진과 거리가 멀어질 수 있다.

⑥ 민주성 vs. 고립된 자율성

지방자치의 민주성은 주민의 폭넓은 참여와 선출된 기관의 주민에 대한 책임성을 통해 구현된다. 그러나 지방교육자치는 교육감 직선제라는 '주민자치의 형식'을 취하면서도, 낮은 투표율(예: 2024년 ○○교육감 재선거 투표율 23.5%, 2025년 □□교육감 재선거 투표율 22.76%)과 특정 직능 집단의 과다 대표 문제로 인해 진정한 민주적 대표성을 확보하는 데 한계를 보일 수 있다. 또한, 교육청이 일반 지방자치단체와 별개로 운영되면서 고립된 권력 구조를 형성하고, 이로 인해 지역 주민의 직접적인 참여와 통제가 약화될 수 있다.

⑦ 능률성 및 균형 발전 vs. 중복 투자 및 비효율

지방자치는 효율적인 행정을 통해 지역의 균형 발전을 이루는 것을 지향한다. 그러나 지방교육자치의 분리된 운영은 일반 지방자치단체와의 연계와 협력을 어렵게 만들고, 이는 행정의 능률성을 저해하며 중복 투자나 과잉투자를 초래할 수 있다. 예를 들면, 학생수련원(교육청 소속)과 청소년수련원(시·도 소속), 교육청 도서관과 시·도 도서관, 교육청 평생학습관과 시·도 평생학습관, 학생과학관(교육청)과 시·도 과학관(지자체), 학생안전체험관(교육청)과 아동안전체험관 또는 시·도 안전체험관(지자체), 늘봄학교와 아동복지센터 등이 각각 별도로 존재하며 자원 낭비와 비효율이 발생한다. 이는 한정된 자원의 낭비로 이어지고, 궁극적으로 주민 복리 증진과 지역의 균형 발전을 저해하는 요소로 작용할 수 있다.

결론적으로, 지방자치법 제11조와 제13조를 바탕으로 볼 때, 국가와 지방자치단체는 사무를 주민 편익 증진과 집행 효과를 고려하여 중복되지 않게 배분해야 하며, 포괄적 배분을 통해 책임 행정을 실현해야 한다는 원칙이 있다. 특히 「지방자치법」 제13조 제2항 제5호는 교육 관련 사무를 지방자치단체의 사무 범위로 명시한다. 그러나 「지방자치법」 제15조는 국가 사무의 범위를 추상적으로 규정하며 명확한 가이드라인도 없다. 이로 인해 국가와 지방의 교육사무 배분은 「지방자치법」만으로는 어렵고, 「지방교육자치법」 제20조 역시 구체성이 없어 결국 관계 법령을 전부 해석하고 행정 실무를 파악해야만 가능하다는 한계를 가진다. 이러한 모호함 속에서 지방교육자치는 '교육의 자주성, 전문성, 특수성'을 강조하는 과정에서, 헌법과 「지방자치법」이 지향하는 주민 복리, 민주성, 능률성, 중복 없는 사무 배분이라는 지방자치의 본질적 목표와 충돌하는 지점이 발생하고 있다.

지방교육자치법 제20조:
두루뭉술한 규정과 실질 권한의 분산

「지방교육자치법」 제20조는 교육감이 관장하는 '교육·학예에 관한 사무'를 17개 항목으로 열거하고 있다. 이 조항만 보면 교육감이 지역 교육의 모든 것을 책임지고 결정하는 것처럼 보일 수 있다. 그러나 「초·중등교육법」, 「교육공무원법」, 교육과정 총론, 「교육시설법」, 「사립학교법」 등 실제 사무를 규정하는 개별 법령을 들여다보면, 제20조의 각 항목이 얼마나 추상적이며, 실제 권한은 교육부장관과 교육감에게 나뉘어 있음을 알 수 있다(주로 핵심은 교육부장관에게). 즉, 상당수 개별 사무는 교육부와 교육청의 협력이 바탕이 되어야만 가능함을 알 수 있다. 이는 지방자치의 중요한 원칙인 '사무 배분의 포괄성'을 지키지 못하는 한계를 보여준다. 몇 가지 예를 들어 설명한다.

① 제5호. 학교, 그 밖의 교육기관의 설치·이전 및 폐지에 관한 사항

제20조는 교육감이 학교의 설치·폐지 등을 전적으로 관장하는 것처럼 보인다. 그러나 「초중등교육법」과 「사립학교법」을 바탕으로 실제 권한을 보면 다른 판단이 가능해진다. 공립학교의 경우, 지방자치단체(시·도)는 의무교육 대상자를 취학시키기 위해 필요한 학

교를 설립·경영할 의무를 진다. 이는 교육감의 역할이 크지만, 지방자치단체라는 법인격체의 의무이기도 하다. 사립학교를 설립하거나 폐교, 중요 사항을 변경하려면 교육감의 인가를 받아야 한다. 즉, 교육감은 '인가권자'로서 감독 권한을 가지지만, 설립·폐교의 주체는 학교법인 또는 사립학교경영자이다. 국립학교의 설립·운영은 교육부장관의 권한에 속하며, 심지어 교육부장관의 권한 중 국립학교 설립·운영에 관한 권한은 다른 중앙행정기관의 장에게 위임될 수도 있다. 정리하면, 교육감이 모든 학교의 설치·이전·폐지를 '관장'한다기보다는, 주로 공립 및 사립 초·중등학교에 대해서 인가·지도·감독 권한을 가지며, 국립학교에 대해서는 권한이 없다.

② 제6호. 교육과정의 운영에 관한 사항

제20조는 교육감이 교육과정 운영에 관한 사항을 관장하는 것처럼 보인다. 그러나 법령(「초·중등교육법」, 「국가교육과정총론」)을 바탕으로 본 실제 권한 배분은 그러하지 않다. 교육과정의 가장 기본적인 기준과 내용은 국가교육위원회가 정하여 고시한다. 교육감은 국가교육위원회가 정한 그 범위 안에서 지역 실정에 맞는 기준과 내용을 정할 수 있을 뿐이다. 학교는 다시 이 교육과정 총론을 바탕으로 학교 교육과정을 자율적으로 설계·운영하지만, 이 역시 국가 수준의 공통성을 바탕으로 지역, 학교, 개인 수준의 다양성을 추구하는 범위 내에서 이루어진다. 즉, 교육감은 교육과정 운영에 대한 '조정자'나 '지원자'로서의 역할이 크지, 교육과정의 내용 자체를 '운

영'하거나 독자적으로 '결정'하는 주체는 아니다. 제20조의 '관장'이라는 표현은 실질적인 권한의 범위를 과장하여 보여줄 수 있다.

③ 제16호. 소속 국가공무원 및 지방공무원의 인사관리에 관한 사항

제20조는 교육감이 소속 공무원(국가공무원 포함)의 인사 관리를 전적으로 책임지는 것처럼 보인다. 그러나 실제 권한 배분은 (『교육공무원법』기준) 교육감 소속의 장학관, 장학사 등 교육전문직원은 교육감이 임용한다. 이는 교육감의 직접적인 권한이다. 그러나 교육감 소속의 고위 국가공무원인 부교육감의 경우, 해당 시·도 교육감이 추천하지만, 교육부장관의 제청으로 국무총리를 거쳐 대통령이 임명한다. 교육감은 추천권은 있지만 최종 임명권은 없다. 교사 신규채용의 공개전형 주체는 임용권자이며, 국립학교장의 요청 시 시·도 교육감에게 위탁하여 실시할 수 있도록 되어 있다. 교육감이 광범위한 임용권을 가진다고 보기는 어렵다. 교육공무원의 징계위원회 설치와 운영은 대통령령으로 정하며, 징계 의결 요구도 상위 기관(예: 교육부장관)에 의해 이루어질 수 있다. 결국, 교육감은 소속 지방공무원에 대한 인사권을 가지지만, 국가공무원에 대한 인사권은 매우 제한적이다. '인사관리'라는 포괄적인 표현 뒤에는 복잡한 임명권자, 임용제청권자, 추천권자의 다층적 구조가 숨겨져 있다.

위와 같은 비교를 통해, 「지방교육자치법」제20조의 규정 방식이 다음과 같은 근본적인 한계를 가진다는 점이 명확해진다.

- 구체성 결여: 제20조는 교육감의 사무를 추상적으로 나열할 뿐, 각 사무의 구체적인 내용, 권한의 범위, 그리고 다른 기관(국가, 지방자치단체장)과의 관계를 명확히 밝히지 못한다.
- 포괄적 사무 배분 원칙 미(未)준수: 「지방자치법」 제11조 제3항은 국가가 지방자치단체에 사무를 배분할 때 "자기의 책임 하에 종합적으로 처리할 수 있도록 관련 사무를 포괄적으로 배분하여야 한다."라고 명시한다. 그러나 「지방교육자치법」 제20조는 교육감의 사무를 열거하면서도, 실제로는 해당 사무에 대한 권한이 교육부, 국가교육위원회, 시·도지사, 심지어 개별 학교법인에게까지 분산되어 있다. 이는 교육감이 '종합적으로 책임'지고 '포괄적으로 처리하기 어려운' 구조를 만든다.
- 책임 행정의 어려움: 사무의 범위와 권한이 불명확하고 여러 주체에 분산되어 있으면, 특정 교육 문제 발생 시 누가 최종적인 책임자이고, 어떤 권한을 가지고 문제를 해결해야 하는지 모호해진다. 이는 책임 행정의 실현을 어렵게 만든다.
- 잦은 논란과 사법적 판단 의존: 「지방교육자치법」 제20조만으로는 실제 사무의 경계를 판단하기 어려워, 해석상의 논란이 끊이지 않고 발생한다. 결국, 이러한 논란은 법률 전문가의 해석이나 사법적 판단(법원의 판결)을 통해 해결해야 하는 경우가 빈번하게 발생한다. 이는 행정의 예측 가능성과 효율성을 떨어뜨린다.

「지방교육자치법」 제20조는 교육감의 권한을 외형적으로는 광범위하게 규정하고 있지만, 실제로는 그 내용이 불분명하고 권한이 분산되어 있어 지방자치의 본질인 포괄적 사무 배분 원칙을 제대로 구현하지 못한다. 이러한 규정 방식의 한계는 교육 행정의 비효율과 책임 소재의 불분명함, 그리고 끊임없는 해석 논란을 야기하는 근본적인 문제로 지적될 수 있다.

정리하면,

지방교육자치의 사무 범위에 대한 논의는 필연적으로 교육 관련 법령의 심층적 검토를 요구하며, 교육부의 행정해석을 넘어 때로는 사법적 판단까지 필요로 하는 복잡한 문제로 귀결된다. 과거 특정 △△교육청의 교육감과 교육부장관 간에 발생했던 권한쟁의소송 역시 궁극적으로 이러한 불명확한 경계에서 비롯된 것이다.

따라서 지방교육자치의 사무를 명확히 규정하고, 교육에 있어 국가의 책임과 지방의 책임을 명료하게 설정하는 것은 매우 중요하다. 이는 법령 제정 및 개정, 정책과 사업 결정 시 반드시 우선적으로 고려되어야 할 원칙이며, 나아가 규제 개혁 논의에서도 핵심적으로 다루어져야 할 과제이다.

질문 10.

지방교육사무 관련 규정의 입법적 혼선은 무엇인가?

지방교육자치 관련 법령들은 지방자치의 큰 틀 안에서 교육사무의 특수성을 인정하고자 제정되었다. 그러나 이 과정에서 사무 범위의 불일치, 위임 범위 초과, 모호한 개념 정의 등 여러 입법적 문제점이 발생했고, 이는 행정 실무의 혼란과 책임 소재의 불분명을 초래하고 있다.

「지방자치법」과 「지방교육자치법」 간 사무 범위의 혼선

현행 지방교육자치 관련 법령들은 교육사무의 범위와 관장 주체를 명확히 규정하지 못하고 있어 입법적 혼란을 초래한다.

① 광역/기초지자체 사무 범위 불일치

「지방자치법」제13조 제2항 제5호는 '교육·체육·문화·예술의 진흥'을 지방자치단체의 사무 범위로 예시하고, 그 하위에 어린이집, 유치원, 초·중·고교 등의 설치·운영, 도서관, 운동장, 박물관 등 공공교육·체육·문화시설의 설치·관리 등을 명시한다. 이 조항은 특별히 광역자치단체나 기초자치단체를 구분하지 않아, 해당 사무를 기초지자체에서도 처리할 수 있는 것으로 해석될 여지가 있다. 하지만 「지방교육자치법」제2조는 '교육·과학·기술·체육 그 밖의 학예(이하 "교육·학예"라 한다)에 관한 사무는 특별시·광역시 및 도(이하 "시·도"라 한다)의 사무로 한다.'라고 규정한다. 이는 교육·학예 사무를 광역자치단체(시·도)의 고유 사무로 한정하는 것이다. 결과적으로 「지방자치법」은 교육·체육·문화·예술 사무를 기초지자체도 포함된 지방자치단체의 사무로 볼 수 있게 하는데, 「지방교육자치법」은 이를 광역지자체의 사무로 못 박으면서 이들 사무를 누가 담당해야 하는지, 특히 기초지자체와 교육청 간에 사무 관장의 혼선이 발생할 여지가 있다. 이는 지방자치가 광역 수준의 교육자치를 예상했다고 보기 어려웠음을 의미한다.

② 행정 실무와 괴리

「지방교육자치법」이 규정하는 사무 범위 중에는 체육회 사무나 과학기술 진흥처럼 일반행정관서에서 주로 수행하는 영역이 포함되어 있다. 이는 지방교육자치법의 규정과 실제 행정 실무 사이에 차이를 만들고, 책임 소재를 불분명하게 하며 사무 주체에 혼란을 가중한다. 예를 들어, 지역 주민들이 생활체육이나 과학 체험 시설에 대한 서비스를 요청할 때, 일반 지자체와 교육청 중 어느 곳에 문의해야 할지 모호한 경우가 생긴다.

지방자치법상 위임 범위 초과 및 '학예' 개념의 모호성

지방교육자치법은 「지방자치법」의 위임 범위를 넘어서 사무 범위를 규정하고, '학예' 개념을 불분명하게 사용하면서 법적 혼란을 초래한다.

① 위임 범위 초과

「지방자치법」 제135조 제1항은 '교육·과학 및 체육에 관한 사무'를 분장하기 위해 별도의 기관을 둔다고 규정한다. 이는 '과학'이 포함되어 있지만, 「지방자치법」 제13조(지방자치단체의 사무 범위) 제2항 5호에는 '과학'이 명시되어 있지 않은 모호함이 이미 존재한다. 더 큰 문제는 「지방교육자치법」 제1조(목적)와 제2조(사무 관장)는 「지방자치법」의 위임 범위를 넘어 '기술'과 '그 밖의 학예'를 추가로 규정한다는 점이다. 「지방자치법」은 '교육·과학 및 체육'만을 언급했음에도, 「지방교육자치법」이 '기술'과 '학예'를 임의로 추가하면서 법적 위임 범위의 초과, 즉 상위 법령과의 권한 범위 불일치 문제가 발생한다. 이는 위헌 소지까지 제기될 수 있는 부분이다.

② '학예' 개념의 모호한 확장

「지방교육자치법」은 '교육·과학·기술·체육 그 밖의 학예'를 통칭하여 '교육·학예'라고 한다. 여기서 '학예(學藝)'라는 용어의 해석에 문제가 있다. 일반적인 학예 개념은 문화, 예술, 교양, 문학 등을 의미하는 용어이기에, 이 '학예'의 개념 속에 과학, 기술, 체육을 포함하는 것은 「지방교육자치법」이 '학예'라는 용어를 과도하게 확장하여 사용한 것으로 보인다. 학예는 법제처 영문 번역에서 'academic sciences'로 번역되는 등, '학예'의 범위에 대한 논란이 끊이지 않는다. 학예사가 미술관이나 박물관 종사자를 의미하는 것과 같이, 대중적으로 '학예'는 예술·문화 분야와 더욱 밀접하게 인식된다. 이러한 용어의 불명확성은 사무 범위에 대한 법적 혼란과 권한 범위의 모호성을 야기하며, 결과적으로 지방교육자치의 본래 자치권을 왜곡시킬 수 있다.

교육자치 논거와 사무 범위 불일치

교육자치의 주요 논거는 '교육의 자주성, 전문성, 정치적 중립성'을 확보하는 것이다. 만약 이 논거를 수용한다고 하더라도, 현재 「지방교육자치법」이 규정한 사무 범위는 이러한 논거와 일관되지 않는 문제점을 드러낸다.

① 논거 부족

'학예', '과학', '체육', '기술' 등을 교육자치의 범위로 포함하려면, 이에 대한 명확한 논거가 추가로 제시되어야 한다. 특히 '학예'는 예술, 문화, 교양을 포함하는 광범위한 용어로서 교육과는 다른 영역으로 간주할 수 있다. 교육의 자주성과 전문성은 주로 학교 교육의 내용과 운영에 초점을 맞추는데, 이러한 비(非)교육 영역까지 교육감의 사무 범위로 포함시키는 것에 대한 합리적인 근거가 부족하다.

② 자치권의 왜곡 가능성

논거 없이 사무 범위가 확장되면, 교육자치가 본래 추구하던 교육의 본질적인 가치를 벗어나 불필요하게 권한 범위만 넓어지는 결과를 낳을 수 있다. 이는 한정된 자치 역량을 분산시키고, 교육청이 본연의 교육활동 지원보다는 다른 분야의 행정에 치중하게 만들 위험이 있다. 결국 법적 혼란과 함께 자치권의 진정한 의미를 왜곡시키는 결과를 초래할 수 있다.

사무 범위 명확화와 법적 정합성 확보가 필요

지방자치 관련 법령들이 지방교육사무의 범위와 주체를 명확히 규정하지 못하고, 상위법의 위임 범위를 넘어서며, 모호한 용어를 사용함으로써 발생하는 입법적 문제점들은 현재 지방교육자치의 비효율성과 기능 혼란의 주된 원인이 된다.

궁극적으로 지방교육자치는 국민의 교육받을 권리를 효율적으로 보장하고 지역사회의 균형 발전에 이바지해야 한다. 이를 위해서는 「지방자치법」과 「지방교육자치법」 간의 사무 범위 충돌을 해소하고, '학예' 등 모호한 용어의 정의를 명확히 하며, 「지방자치법」의 위임 범위를 준수하는 방향으로 법적 정합성을 확보하는 재정비가 시급하다. 논란이 발생하지 않았기에 다행이지, 시비(是非)는 언제든지 발생할 수 있는 무책임한 입법 태도이다. 이러한 혼란을 방지하는 것, 이는 교육행정의 효율성을 높이고, 교육과 일반행정 간의 불필요한 마찰을 줄여 주민들에게 더 나은 서비스를 제공하는 데 필수적인 선결 과제다.

질문 11.

지방자치와 지방교육자치의 관계에 대한 헌재의 결정의 의미와 그 한계는 무엇인가?

헌법재판소는 두 대표적인 결정(2000헌마283, 99헌바113)을 통해 지방교육자치의 특수성을 인정하고 교육위원 및 교육감 선출 방식에 대한 입법자의 재량을 폭넓게 인정했다.

헌법재판소 결정의 요지

① 2000헌마283 결정

「지방교육자치법」 제62조 제1항[19]이 교육위원 및 교육감의 선거

---

19 「지방교육자치법」(법률 제6216호, 2000.1.28.개정) 제62조(선거인단의 구성등) 제1항은 다음과 같다. "①교육위원 또는 교육감의 선거인단은 선거일공고일 현재 초·중등교육법 제31조(學校運營委員會의 設置)의 규정에 의한 학교운영위원회위원 전원(이하 "學校運營委員會選擧人"이라 한다)으로 구성한다."

인단을 학교운영위원회 위원 전원으로 구성하도록 한 것이 선거권, 평등권, 교육의 자주성을 침해하지 않는다고 판단했다.

- 선거권 침해 아님: 과거 선출제도의 단점 보완, 선거 비리 차단, 주민 대표성 제고를 위한 입법자의 재량 범위 내에 있으며, 교육자치의 특성상 민주적 정당성 요청이 일부 후퇴하더라도 헌법적으로 용인될 수 있다고 판시했다.
- 평등권 침해 아님: 학교운영위원회 위원 구성은 교육자치의 특성과 현실적 여건을 고려한 것이며, 지역 주민 누구나 지역위원으로 참여할 수 있는 길이 열려 있으므로 합리적 차별로 보았다.
- 교육의 자주성 침해 아님: 일부 교육 당사자가 배제되더라도 현실 여건을 반영한 것으로, 교육정책 결정 및 집행 참여의 다양한 경로가 존재하여 자주성 침해로 볼 수 없다고 판단했다.

② 99헌바113 결정

교육위원 선거에서 선거공보 발행·배포 및 소견발표회 외 일체의 선거운동 금지와 그 위반 시 처벌하는 법률 조항이 평등권, 언론의 자유, 공무담임권을 침해하지 않는다고 판단했다.

- 과잉금지원칙 위배 아님: 교육위원의 자주성·전문성 확보 및 비리 방지를 위한 공정성 제고 목적이 정당하며, 소수 선거인단에 의한 간선제하에서는 선거운동 제한도 합리적이라고 판단했다.
- 평등권 침해 아님: 선거운동 제한이 모든 후보자 및 선거인에게 동등하

게 적용되므로 합리적 차별로 보았다.
- 알권리 및 공무담임권 침해 아님: 선거공보 발행·배포 및 소견발표회를 통해 정보 제공이 가능하므로 본질적 내용 침해가 아니라고 판단했다.

이러한 결정들은 선거제도 위헌 여부를 판단하는 과정에서 지방교육자치와 교육감 직선제에 대한 헌법적 성격을 간접적으로 규명했다. 헌재가 제시한 주요 판단은 다음과 같다.

- 교육자치의 특수성 인정: 헌법 제31조 제4항의 자주성·전문성·정치적 중립성 보장을 근거로, 지방교육자치가 단순한 주민자치로 환원되지 않는 '이중의 자치'로 규정되었다. 이를 위해 '문화적 자치'라는 개념도 등장한다.
- 선거비리 방지 및 공정성 확보: 간선제의 부작용 예방 및 제도적 안정성을 위한 제한은 헌법적으로 허용된다고 판단되었다.
- 직접 선거권 제한: 일반 주민의 직접 참여가 제한된다는 점에서 민주주의적 정당성이 약화될 우려가 있으며, 헌재는 이를 일부 인정하면서도 입법자의 재량으로 보았다.

쟁점별 비판적 검토 및 한계

헌법재판소의 이러한 결정들은 교육의 특수성을 강조하며 입법자의 재량을 폭넓게 인정한 측면이 있으나, 동시에 지방자치의 본질적 가치와 헌법적 개념 해석에 있어 여러 비판적 쟁점을 남겼다.

① "영역 자치" 개념의 부적절성과 교육고권(敎育高權) 담론으로의 확장 우려

헌재는 지방교육자치를 "영역적 자치와 지역적 자치의 결합"이라 했지만, 자치는 단체(단체자치)나 주민(주민자치)에게 귀속되는 개념이며, 교육과 같은 특정 영역이 자치를 가진다는 '영역 자치'라는 개념은 법적으로 성립하기 어렵다. 교육은 국가 사무와 지방 사무가 혼재된 정책 영역으로, 그 자체가 독립된 자치권을 가진다고 볼 수 없다. '영역 자치' 개념은 자칫 교육고권 담론으로 이어질 수 있으며, 이는 민주적 통제의 약화를 초래할 수 있다. 교육고권이란 국가의 교육에 대한 최고 통치권을 의미하는데, 이를 지방 수준에서 '영역 자치'라는 이름으로 주장할 경우, 지방자치단체의 통제나 주민의 민주적 통제로부터 교육행정이 벗어나 독자적인 권한을 행사하려는 논리로 오용될 수 있다.

② "이중의 자치" 개념이 교육자치를 선험적 자치로 구성

'이중의 자치'는 지방자치와 교육자치를 병렬적으로 구성함으로써, 마치 교육자치가 헌법상 자치권처럼 존재하는 것 같은 인식을 유도한다. 그러나 교육 사무는 헌법 제117조 제1항에 따라 지방자치단체 사무 중 하나이다. 교육자치를 선험적 자치권으로 보기 어려우며, 이는 국제적으로도 교육자치가 국가별 정치 체계와 교육행정 구조에 따라 선택적으로 제도화되고 있다는 점에서 확인된다.

③ "문화적 자치" 개념의 자의성과 권력분립 원리의 왜곡

헌재가 언급한 '문화적 자치'는 헌법이나 법률에서 정립된 용어가 아니다.[20] 정치권력에 대한 자치로서의 교육자치를 정당화하기 위해 만들어진 수사적 표현일 가능성이 높다. 그러나 이는 교육행정을 민주적 통제에서 벗어나게 하는 논리로 작동할 수 있으며, 주민 참여와 책임성을 해치는 결과를 초래할 수 있다. 교육의 '정결함', '순수성'을 강조하며 민주적 통제를 배제하려는 논리는 자칫 교육 행정을 '성역화'하여 주민으로부터의 비판과 참여를 차단하는 결과를 낳을 수 있다.

④ 헌법 제31조 제4항의 '교육'을 '교육행정'으로 오인

헌법 제31조 제4항은 교육의 내용과 과정에 대한 자율성을 보장한 것이다. 그러나 헌재는 이를 교육행정기관의 조직과 운영 원리에까지 확대 해석함으로써, 자칫 교육행정이 공공행정으로서의 민주적 통제 원리에서 벗어날 위험을 만들었다. 교육의 자주성과 교육행정의 독립성은 동일한 개념이 아니며, 이를 구분하지 않는 해석은 법적 위험을 내포한다.

이외에도 헌재의 결정은 여러 측면에서 잘못 인용되거나 오용될 가능성이 존재한다. 예를 들면, 헌재의 결정이 교육감 직선제를 옹

---

20 실제 헌재의 판례 검색을 해보면 '문화적 자치'라는 용어는 찾아보기 어렵다.

호하는 근거로 활용될 가능성이 있다. 헌재의 결정이 주민자치를 강조했다고 옹호하는 근거로 활용될 가능성도 있다. 또한, 헌재의 결정이 지방교육자치법이 지방자치법의 틀 내에서 제정되었다고 판단하게 할 우려가 있다.

지방교육자치에 대한 헌재 결정의 구조적 문제와 정책적 시사점

헌법재판소의 지방교육자치 관련 결정은 교육의 특수성을 강조하려 했으나, 그 과정에서 다음과 같은 구조적 문제와 정책적 시사점을 남겼다.

1) 지방교육자치는 헌법상 명문 규정이 없는 제도로, 입법적 재량에 따른 제도이다. 「지방자치법」 제135조는 교육 관련 기관의 조직과 운영을 '따로 법률로 정한다.'라고 위임하여 입법적 형성의 여지를 부여한다.
2) 교육감 선출 방식, 교육청 조직 형태 등은 다양한 제도적 선택이 가능하며, 반드시 직선제일 필요도, 독립행정청으로 존재할 이유는 없다. 실제 1950년대 우리나라에서 도청 등 일반행정기관에서 교육 업무를 처리했던 역사적 사실은 현행 제도가 유일하거나 절대적인 형태가 아님을 보여준다. 교육 사무는 지방자치단체 사무의 일부로서, 다양한 행정 시스템 내에서 효율적이고 민주적으로 처리될 수 있다.

질문 12.

헌재 결정문의 '영역자치'의 의미와 그 위험성은?

헌법재판소는 지방교육자치를 논하며 '영역 자치'라는 개념을 사용했다. 이는 교육자치라는 '영역적 자치'와 지방자치라는 '지역적 자치'가 결합한 형태라고 설명했는데, 문제는 이 '영역 자치'라는 개념이 법적으로 모호하며, '교육고권'이라는 주장을 낳는 위험성을 내포한다.

① '영역 자치'의 법적 모호성

자치(Autonomy)는 일반적으로 특정 '단체(법인격체)'나 '주민'에게 귀속되는 통치 권한을 의미한다. 즉, 지방자치단체라는 법인이 스스로 권한을 행사하거나, 그 지역의 주민이 스스로를 통치할 권한을 가질 때 '자치'라고 부른다. 그러나 '교육'이라는 특정 '영역'이나 '사무' 자체가 자치권을 가진다는 개념은 헌법이나 지방자치법의 틀 안에서 성립하기 어렵다. 헌법은 지방자치단체를 명시적으로 규정하여 자치권을 부여하지만, 교육 영역에 직접 자치권을 부여하지는 않는다. 헌재의 '영역 자치'라는 표현은 교육의 특수성을 강조하기 위한 것이었지만, 자치권의 주체를 명확히 하지 못하는 한계를 가진다.

② 교육고권과의 관계 및 위험성

'영역 자치'라는 모호한 개념은 '교육고권'이라는 주장을 뒷받침하는 논리로 오용될 위험성을 내포한다. '교육고권'은 헌법이나 법률에 명시되지 않은 용어이지만, 일부 교육계 인사들이 교육을 국가 권력으로부터 독립된 고유한 상위 권한으로 보려는 경향에서 사용된다.

③ 권한 독점 시도

'영역 자치'가 마치 교육 영역에 고유한 자치권이 있음을 전제하는 것처럼 해석되면, 교육 행정이 일반 지방자치단체의 통제나 주민의 민주적 통제로부터 벗어나 독자적인 권한을 행사하려는 논리로 이어질 수 있다. 이는 교육청, 교육감, 교사 등 특정 교육 주체들이 자신들만의 '교육 공화국'을 만들려는 시도로 비춰질 수 있다.

④ 민주적 정당성 약화

교육은 공공 서비스의 중요한 부분이며, 국민의 세금으로 운영되기에 마땅히 민주적 통제와 책임성을 갖춰야 한다. '영역 자치'나 '교육고권'을 주장하며 교육 행정의 독립성만을 강조할 경우, 주민 참여를 통한 민주적 정당성 확보가 약화될 수 있다. 이는 교육 행정이 특정 집단의 이익이나 이념에 의해 폐쇄적으로 운영될 위험을 높인다.

'교육고권(敎育高權)' 주장에 내포된 문제는 무엇인가?

이 개념은 우리 사회의 법체계와 행정 원리에 비춰볼 때 매우 조심스럽게 다뤄야 할 표현이며, 때로는 법적 근거 없이 특정 제도나 집단의 권한을 주장하는 데 사용되곤 한다.

① '교육고권'은 법적 용어가 아니다

통상적으로 '고권'은 국가나 공공기관이 가진 강제력 있는 행정 권한의 고유한 특징을 의미한다. 예를 들어, 국가가 세금을 걷거나 법을 어긴 사람을 처벌하는 권한 같은 것이다. 그런데 이 '고권'이라는 단어를 교육 영역에 붙여 "교육은 국가 권력으로부터 독립된 고유한 공권력의 대상이며, 독자적인 자치 구조를 형성할 수 있다"라고 주장하는 것은 우리 헌법 체계상 설득력이 약하다.

우리 헌법 어디에도 교육권을 헌법재판소나 선거관리위원회처럼 입법, 사법, 행정과는 별개의 독립된 권력 기관으로 인정한 조항은 없다. 만약 교육이 진정한 의미의 '고권'을 가진 독립된 권력이라면, 헌법에 분명히 명시되어야 하고, 교육부장관도 국무위원이 아닌 별도의 헌법 기관으로 분류되어야 할 것이다. 하지만 현실은 그렇지 않다. 교육부장관은 대통령을 수반으로 하는 행정부 소속의 국무위원이고, 교육청은 지방자치단체의 일부 또는 특별 지방 행정기관으로 구성되어 있다. 교육 정책 역시 국회(입법)와 교육부·교육청(행정)의 협력으로 결정된다. 따라서 '교육고권'이라는 용어는 법적인 실체가 있는 개념이라기보다는, 교육의 중요성을 강조하기 위한 상징적인 표현에 가깝다고 봐야 한다.

② '교육고권' 주장에 숨겨진 문제점들

- '교육 공화국' 모델에 대한 열망: 이러한 주장의 가장 깊은 곳에는 교육청, 교육감, 교사 등 교육계 내부 인사들이 외부의 간섭 없이 자신들만의 독립된 질서를 만들고 싶어 하는 '교육 공화국' 모델에 대한 잠재적인 바람이 숨어 있을 수 있다. 예를 들어, 교육감 직선제를 옹호하거나 국가나 다른 지방자치단체의 개입을 교육에 대한 부당한 침해로 간주하려는 주장이 여기에 해당한다.
- 권한 확대를 위한 자의적 해석: '교육고권'이라는 개념을 자의적으로 해석하여 교육감의 권한을 넓히고, 교육청의 독립성을 지나치게 강화하며, 특정 교사 집단의 지위를 고착화하려는 시도로 이어질 수 있다.
- 교육의 공공성과 민주성 훼손 위험: 교육감은 주민의 세금으로 운영되는

지방 행정기관의 수장이며, 교사는 국민의 세금으로 봉급을 받는 공공 서비스 담당자이다. 교육은 아무리 중요해도 국가 권력의 테두리 안에 존재하며, 공공재로서 마땅히 국민의 민주적 통제와 감시를 받아야 한다. '교육이 중요하니까 건드리지 마라'라는 식의 '고권' 주장은 오히려 교육의 투명성과 주민에 대한 책임성을 약화시키고, 민주적 절차를 통해 비판하고 개선하려는 시도를 막는 방패로 사용될 위험이 있다.

현재의 지방교육자치가 종종 폐쇄성, 정치화, 비효율성 등의 비판에 직면하고 있음을 볼 때, '교육고권'이라는 주장이 교육의 자율성을 보장하는 개념이기보다는, 오히려 비판과 개편 논의를 막는 정치적 방패로 사용될 가능성이 더 크다고 볼 수 있다. 교육이 진정으로 고유하고 독립적인 기능을 수행하려면, 그 운영 방식 또한 더 높은 수준의 투명성, 책임성, 그리고 다른 행정 기관과는 협력하는 태도를 담아야 한다.

국가교육위원회와 '교육고권'의 관계는 무엇인가?

그런데 이러한 우려가 현실화되고 있다. 바로 국가교육위원회의 출범이다.[21] 국가교육위원회는 2022년 9월 출범한 대통령 소속 기관으로, 국가 교육의 중장기적인 방향과 주요 정책을 초당적으로

---

21 국가교육위원회 설립 주장의 근거가 되는 교육정책의 핵심은 사실 교육과정이다. 그렇기 때문에 국가교육위원회에서 교육과정을 다루는 것이다. 이에 대해 필자는 비판적으로 평가한다. 필자의 또 다른 책인 『대중요법으로 망가지는 대한민국 교육』을 참고하길 바란다.

논의하고 심의·의결하는 역할을 한다. 그러나 실제로 국가교육위원회를 대통령으로부터 독립된 기관으로 만들려던 논의와 주장이 존재했음을 확인할 수 있다. 그리고 이러한 주장의 배경에는 '교육고권'이 직접적으로 언급되지 않더라도, 그 함의하는 바인 '교육 정책의 정치적 중립성·일관성·안정성 확보'를 위해 교육 정책 결정이 정권이나 정파의 영향으로부터 독립되어야 한다는 논리가 강하게 깔려 있었다.

① 설립 목적 논의

국가교육위원회의 설치 필요성과 목적은 "교육정책의 일관성·연속성·안정성의 확보"와 "교육행정의 민주화", 그리고 "정권이 교체되거나 장관이 바뀔 때마다 급격한 교육개혁과 정책전환으로 교육이 정권의 이념적 지배를 받는 현상을 막아 교육정책의 독립성과 일관성을 확보"하는 것이 대표적이었다. 이는 교육이 정치권력의 영향으로부터 벗어나 스스로의 논리와 판단에 따라 장기적인 계획을 수립해야 한다는 주장에 기반을 둔다.

② 독립 기구화 주장

실제로 국회에는 대통령 소속의 국가교육위원회 설치를 골자로 하는 법안 외에, 국가인권위원회처럼 '독립기구'로 설치하는 내용의 국가교육위원회 설치 및 운영에 관한 법률안이 상정된 상태였다. 일부 학자들은 교육정책의 연속성과 안정성을 위해서는 "별도의 독립기구화가 적합하다"거나 "기존의 대통령 직속이나 교육부의 심의·자문 기구로는 별다른 의미를 부여할 수 없다"고 주장하기도 했다. 이는 청와대와 집권당의 정책 독점권을 완화하기 위해 초당적, 초정권적 독립기구가 필요하다는 인식에서 비롯된 것이다.[22]

③ 실질적 위상 논란

현재 국가교육위원회는 '대통령 소속 합의제 행정위원회'로 출범했으나, 법률상으로는 심의·의결 기구로서 결정 사항을 중앙부처, 지자체, 교육청이 따라야 하는 등 막강한 권한을 가지고 있다[23]고 평가되기도 한다. 그럼에도 불구하고 실제로는 조직·정원 부족과 정치적 위상 문제 등으로 인해 당초 기대에 못 미친다는 평가가 나온다. 이는 애초에 '독립 기구'를 지향했지만, 현실적인 제약으로 그 위상이 축소된 측면이 있음을 시사한다.

이러한 국가교육위원회의 독립기관화의 주장이 직접적으로 '교육고권'이라는 용어를 사용하지 않더라도, 그 내포된 의미는 교육정책 결정이 특정 정치권력으로부터 완전히 독립된, 사실상 '고권'적 지위를 가져야 한다는 것과 닿아 있다.

---

22   물론 이때에도 자문기구를 주장한 법률안도 있었다.
23   「국가교육위원회법」 제13조 제2항을 보면 '위원회는 (중략) 심의·의결하고 (이하 생략)'이며, 제4항에서는 '제3항에 따라 (중략) 위원회의 심의·결과를 특별한 사정이 없는 한 따라야 하며, (이하 생략)'이라고 규정되어 있다.

① 헌법 체계와의 불화

우리 헌정 체제는 입법, 사법, 행정의 삼권분립 체계를 명확히 하고 있으며, '교육'을 이들 권력 외의 독립적인 '제4의 권력'으로 인정하는 조항은 없다. 국가교육위원회를 대통령으로부터 독립시켜 초정권적, 초당적인 기관으로 만들려는 시도는 헌법적 근거가 부족하며, 기존의 권력 분립 원리를 왜곡할 위험이 있다.

② 민주적 책임성의 약화

국민의 대표인 대통령이나 국회가 아닌, 선출되지 않은 위원들로 구성된 기관이 국가 교육의 중장기 방향과 주요 정책을 결정하는 '고권'을 행사하게 된다면, 그 결정에 대한 민주적 책임성을 묻기가 매우 어려워진다. 이는 교육 정책이 국민의 통제로부터 멀어지는 결과를 초래할 수 있다.

③ 정치적 중립성의 역설

'탈정치화'와 '정치적 중립성'을 명분으로 내세웠음에도 불구하고, 위원 구성 자체가 편향성 논란에 휩싸이거나, 기관 내부에서도 진영 간 대립이 발생하는 현실은 교육 문제를 정치 문제화하는 경향을 극복하기 어렵다는 점을 보여준다. '초(超)정파', '초(超)정권'을 외쳐도 이미 사회적 쟁점이 된 교육 문제를 어느 정당이나 대통령도 외면할 수 없는 현실과의 괴리가 발생한다.

제4부에서는 현재 대한민국 지방교육자치가 가진 고유한 문제점들을 심층적으로 분석한다. 헌법 및 지방자치법의 본질과 지방교육자치법의 입법 태도 간의 잠재적 충돌 가능성을 시작으로, '교육의 자주성, 전문성, 정치적 중립성'이라는 헌법적 가치가 현재 교육자치 제도의 정당성을 온전히 입증하지 못함을 비판적으로 고찰한다. 특히, 일반자치와 교육자치의 이원화된 구조가 야기하는 소통 부족, 사무 중복, 책임 불분명 등의 비효율을 '유보통합', '돌봄', '학교 복합시설' 등의 '복합 정책 영역' 사례를 통해 구체적으로 조명한다. 마지막으로, 저출생·고령화라는 시대적 변화 속에서 현행 지방교육자치가 지역 소멸과 평생학습 수요 증대라는 과제에 어떻게 미흡하게 대응하고 있는지를 진단하며, 근본적인 개편의 필요성을 역설한다.

제4부.

지방교육자치의 문제점

질문 13.

교육자치는 지방자치와 잠재적 충돌 가능성은 없는가?

「지방자치법」제135조는 교육·과학 및 체육에 관한 사무의 집행기관에 대한 사항을 '따로 법률로 정한다.'라고 하여, 집행기관 사항을 위임하고 있다. 따라서 「지방교육자치법」은 헌법과 「지방자치법」이 정한 지방자치의 본질에 부합하는 방향으로 제정되어야 한다. 과연 그러한가? 「지방교육자치법」은 「지방자치법」과는 다른 입법 태도를 보인다.

1) 사무 범위가 「지방자치법」과 다르다. 「지방자치법」은 '교육·과학 및 체육에 관한 사무'인데, 「지방교육자치법」은 '교육·과학·기술·체육 그 밖의 학예에 관한 사무'이다. '기술, 그 밖의 학예에 관한 사무'가 추가되었다. 과연 지방교육사무는 무엇인지 혼란스럽다.
2) 위임 범위도 다르다. 「지방자치법」은 지방자치단체의 교육·과학 및 체육에 관한 사무를 분장하기 위하여 별도의 기관을 두고, 이 기관의 조직과

운영에 필요한 사항은 따로 법률로 정하도록 하고 있다. 그렇기에 따로 법률로 정할 사항은 집행기관의 조직과 운영에 관한 사항이어야 한다. 그러나 「지방교육자치법」은 교육감 직선제와 교육재정에 관한 사항을 규정하고 있다. 교육감 직선제와 교육재정에 관한 사항이 과연 지방자치의 본질에 부합하는지 살펴볼 필요가 있다.

3) 「지방교육자치법」은 '교육의 자주성 및 전문성과 지방교육의 특수성을 살리기 위하여' 그리고 '지방교육의 발전에 이바지함'을 목적으로 하고 있다. 이러한 「지방교육자치법」의 목적 조항이 헌법과 「지방자치법」에서 지방자치제도를 제도적 보장한 본질에 부합하는지가 문제가 된다. 왜냐하면 만약 이러한 「지방교육자치법」의 입법 태도를 존중한다면, 지방교육자치는 결과적으로 교육의 자주성 및 전문성과 지방교육의 특수성을 살리는 방향으로 주로 운영되어야 한다.

4) 지방교육자치 기관인 교육청은 지방자치법상 지방자치단체의 집행기관이다. 즉, 법 제도상으로는 단체자치 구조 속에 포함되어 있다. 그런데 교육감 직선제라는 선거 방식을 통해 교육감은 지역 주민의 직접적인 표를 받아 선출된다. 헌법재판소는 교육감 직선제에 대해 "주민자치 실현의 한 방식"이라고 판단하기도 했다. 한국의 교육감 직선제는 광역자치단체(시·도)에서 이루어지고, 정당에 가입할 수 없음에도 사실상 정치적 색깔이 뚜렷하게 드러나는 선거로 진행된다. 그 결과, 교육청은 주민 참여가 활발한 주민자치의 장이라기보다는 '독립된 교육단체'의 운영 구조처럼 작동하는 경향이 크다. 여기에 정치적 대표성을 과도하게 강조한 교육감의 권한 집중 현상이 더해진다. 특정 단체나 진영이 조직화한 힘은 낮은 투표율과 결합하여 그 표의 가치를 과다하게 대표 시킬 수 있다. 이들 단체와 교육감의 정치적 결탁과 이익 공유가 생겨나면 교육행정의 민주성

과 능률성을 제약하거나, 때로는 지방교육자치의 목적이라고 불리는 교육의 자주성, 전문성, 정치적 중립성을 해치는 요인으로 작동할 가능성이 있다.

이 지점에서 지방자치의 본질적 목표와 현재 지방교육자치의 모습 사이에 잠재적 충돌 가능성이 발생한다.

① 주민 복리 vs. 교육의 특수성

헌법과 「지방자치법」은 주민 복리 증진을 지방자치의 최우선 목표로 삼지만, 「지방교육자치법」은 '교육의 특수성'과 '자주성, 전문성'을 전면에 내세운다. 그리고 '지방 교육의 발전'을 강조한다. 물론 교육이 주민 복리의 중요한 부분임은 분명하나, '특수성'이 과도하게 강조될 경우, 교육행정이 주민의 직접적인 요구보다는 교육 전문가 집단이나 특정 이념의 논리에 의해 운영될 위험이 있다. 이는 주민이 체감하는 복리 증진과 거리가 멀어질 수 있다.

② 민주성 vs. 고립된 자율성

지방자치의 민주성은 주민의 폭넓은 참여와 주민에 대한 선출된 기관의 책임성을 통해 구현된다. 그러나 지방교육자치는 교육감 직선제라는 '주민자치의 형식'을 취하면서도, 실제로는 특정 직능 집단이나 단체(예: 전교조, 교사노조, 공무직 노조, 한국교총, 직원노조 등)의 조직화한 영향력이 과다 대표될 수 있다. 교육감이 소수의 표로 당선되거나[24], 특정 이념을 가진 교육감이 다수를 차지할 경우, 이는 교육행정이 '정치적 중립성'을 확보하기보다 특정 진영의 정책을 추진하는 방향으로 움직일 수 있다. 또한, 교육청이 지방자치단체의 일반행정관서와 별개로 운영되면서 고립된 권력 구조를 형성하고, 이에 따라 지역 주민의 직접적인 참여와 통제가 약화할 수 있다.

③ 능률성 및 균형 발전 vs. 중복 투자 및 비효율

지방자치는 효율적인 행정을 통해 지역의 균형 발전을 이루는 것을 지향한다. 그러나 지방교육자치의 분리된 운영은 일반 지방자치단체와의 연계와 협력을 어렵게 만들고, 이는 행정의 능률성을 저해하며 중복 투자나 과잉투자를 초래할 수 있다. 이러한 중복은 한정된 자원의 낭비로 이어지고, 궁극적으로 주민 복리 증진과 지역의 균형 발전을 저해하는 요소로 작용할 수 있다.

---

24 참고로 2025년 4월 2일에 치러진 ○○ 교육감 보궐선거는 총 선거인수 2,870,324명 중 654,295명이 투표하여 22.76%의 투표율을 기록했다. 이 선거에서 1위로 당선된 후보는 333,084표를 획득했는데, 이는 전체 선거인 수의 약 11.6%에 해당한다. 형식적 법적 정당성은 갖춘 것으로 보이지만, 실질적 정당성을 갖췄다고 보기는 어렵다. 이 경우 교육감 직선제가 '주민 복리'와 '민주적 행정'이라는 지방자치의 본질적 목표에 부합한다고 말하기는 쉽지 않을 것 같다. 이러한 점은 그전에 치러진 □□ 교육감 보궐선거도 대동소이했다.

질문 14.

교육의 자주성, 전문성, 정치적 중립성에 대한 헌재의 판단이 곧 교육자치의 정당성을 입증하는가?

헌법재판소는 '교육의 자주성, 전문성, 정치적 중립성'을 헌법이 보장하는 중요한 가치로 보고 있다. 그러나 헌재의 판단이 현재의 지방교육자치나 교육감 직선제의 필연적 당위성으로 이어지는지는 비판적인 검토가 필요하다.

헌법재판소의 '교육의 자주성 · 전문성 · 정치적 중립성' 판단

헌법재판소 2011. 12. 29. 선고 2010헌마285 전원재판부 판례는 교육의 자주성 · 전문성 · 정치적 중립성에 대해 다음과 같이 정의하고 있다.

① 교육의 자주성

교육이 정치권력이나 기타의 간섭 없이 그 전문성과 특수성에 따라 독자적으로 교육 본래의 목적에 기하여 조직·운영·실시되어야 한다는 의미에서의 교육의 자유와 독립을 의미한다.

② 교육의 전문성

교육정책이나 그 집행은 가급적 교육 전문가가 담당하거나, 적어도 그들의 참여하에 이루어져야 함을 말한다.

③ 교육의 정치적 중립성

교육이 국가권력이나 정치적 세력으로부터 부당한 간섭을 받지 아니할 뿐만 아니라 그 본연의 기능을 벗어나 정치 영역에 개입하지 않아야 한다는 것을 말한다.

헌재는 위와 같이 자주성, 전문성, 정치적 중립성을 헌법이 보장하고 있는 이유에 대해, "교육이 국가의 백년대계의 기초인 만큼 국가의 안정적인 성장·발전을 도모하기 위해서는 교육이 외부 세력의 부당한 간섭에 영향받지 않도록 교육자 내지 교육 전문가에 의하여 주도되고 관할되어야 할 필요가 있다는 데서 비롯된 것"이라고 설명한다. 그러기 위해서는 교육에 관한 제반 정책의 수립 및 시행이 교육자에 의하여 전담되거나 적어도 그의 적극적인 참여하에 이루어져야 하며, 교육방법이나 교육내용이 종교적 종파성과 당파적 편향성에 의해 부당하게 침해 또는 간섭당하지 않고 가치중립적인 진리 교육이 보장되어야 한다고 판단했다.

헌재 판단에 대한 비판적 검토

헌법재판소의 이와 같은 해석이 곧장 지방교육자치, 특히 교육감 직선제의 당위성으로 이어지는 것인지 논리적으로 타당하지 않다. 오히려 헌재가 제시한 설명은 교육청의 독립성보다는 학교 현장의 자율성 보장, 그리고 교육 내용의 중립성, 전문가 중심 행정에 더 방점을 찍고 있다고 볼 수 있기 때문이다.

① 교육의 자주성과 교육자치

헌재는 '교육의 자주성'을 "교육 본래의 목적에 기하여 조직·운영·실시"되는 자유와 독립이라고 정의한다. 이러한 헌재의 설명은 교육과정의 자율성과 학교 운영의 자율성을 의미하는 것으로 해석하는 것이 자연스럽다. 학교 현장에서의 교과 내용, 교수-학습 방법, 학사 운영 등이 외부의 부당한 간섭 없이 이루어져야 한다는 의미이지, 교육행정기관 자체가 일반행정으로부터 완전히 분리되어야 한다는 의미로 보기는 어렵다는 것이다.

② **교육의 전문성과 교육자치**

헌재는 '교육의 전문성'을 "교육 전문가가 담당하거나 적어도 그들의 참여하에 이루어져야 함"을 말한다고 했다. 이는 교원자격제도나 교육정책 결정 과정에서 교육의 특수성을 고려한 민주적·과학적 절차를 통해 보장되는 것이라고 이해할 수 있다. 이것이 반드시 '교육자치'라는 특정 행정 체제와 관련성을 갖는다고 보기는 어렵다. 특히, 교육감이 직선제로 선출되는 것이 '교육의 전문성'을 어떻게 보장하는지에 대한 설명은 부족하다. 오히려 정치적 선거 과정을 거친 교육감의 전문성이 담보되지 않을 수도 있다는 비판이 제기되기도 한다.

③ **'교육의 정치적 중립성'과 교육자치**

헌재는 '교육의 정치적 중립성'을 "국가권력이나 정치적 세력으로부터 부당한 간섭을 받지 아니할 뿐만 아니라 그 본연의 기능을 벗어나 정치 영역에 개입하지 않아야 한다."라고 정의했다. 이 역시 교육과정의 자율성과 학교 운영의 자율성이 핵심이지, 교육자치와 직접적인 관련성이 있다고 보기는 어렵다. 오히려 교육감 직선제하에서 교육감이 특정 정치적 이념을 강하게 드러내며 학교 운영의 자율성을 각종 사업이나 지시로 옥죄는 반대의 결과를 보여주는 경우가 많다는 비판도 존재한다.

④ 평생교육 관점에서의 한계

교육의 범위를 초·중등 교육을 넘어 평생교육까지 고려하게 된다면, 교육자치의 논리는 더욱 설득력을 갖기 어렵다. 평생교육은 노동, 복지, 건강, 문화, 환경 등과 긴밀히 연관되어 있으며, 다양한 주체들이 협력하는 거버넌스 체제가 필수적이기 때문이다. 특정 '자치' 단위로 교육을 한정하는 것은 시대의 흐름과 맞지 않는다.

결론적으로, 헌법재판소가 보장하는 '교육의 자주성·전문성·정치적 중립성'은 교육의 본질적 가치를 실현하기 위한 중요한 원칙이다. 그러나 이러한 원칙이 반드시 현재와 같은 지방교육자치 체제, 특히 교육감 직선제를 헌법적 당위로 정당화하는 것은 아니다. 교육행정 시스템을 설계할 때 고려해야 할 중요한 가치이자 수단이지, 그 자체가 지방교육자치의 존재 이유나 형태를 결정하는 목적이 될 수 없다.

질문 15.

일반자치와 교육자치의 연계는 현재 문제가 없는가?

지방자치제도는 본래 주민의 삶을 종합적으로 지원하는 복합적 행정체계를 지향한다. 그러나 대한민국의 지방행정은 교육자치와 일반자치가 제도적으로 분리된 이원체계로 운영된다. 즉, 시·도청과 시·도교육청은 서로 다른 수장, 서로 다른 예산, 서로 다른 조직과 사무 체계를 가진 '병렬 구조'로 존재한다. 이러한 구조는 교육의 정치적 중립성과 자율성 확보라는 명분 아래 만들어졌지만, 실제로는 행정 중복, 정책 단절, 재정 비효율, 협력 부재 등의 문제를 초래하고 있다.

일반자치와 교육자치의 현재 연계 방식 및 문제점

현재 일반자치와 교육자치는 기본적으로 분리된 체계 속에서 제한적인 협력 방식을 취하고 있다. 「지방자치법」 제11조는 국가와 지방자치단체 간 또는 지방자치단체 상호 간의 사무를 주민의 편익 증진, 집행의 효과 등을 고려하여 중복되지 않도록 배분해야 한다고 규정하며, 지역 주민 생활과 밀접한 사무는 시·군 및 자치구의 사무로, 처리하기 어려운 사무는 시·도의 사무로, 더 어려운 사무는 국가의 사무로 배분하도록 한다. 반면, 「지방교육자치법」 제2조는 교육·학예에 관한 사무를 특별시·광역시 및 도의 사무로 규정하여, 교육 사무의 독립성을 강조한다. 이러한 법률적 근거는 교육의 자주성과 전문성을 보장하려는 의도에서 출발했지만, 현실에서는 다음과 같은 문제점을 낳는다.

① 제도적 분리에 따른 소통 및 협력 부족

양 기관은 법적으로 독립되어 있어 정기적이고 체계적인 소통 채널이 부족하고, 이로 인해 공동의 관심사에 대한 정책 조율이 어렵다. 대부분의 협력은 개별 사안이 발생했을 때 비공식적이거나 임시적인 협의 수준에 머무르는 경향이 있다.

② 사무의 중복 및 비효율성

교육과 관련된 일부 사무는 일반자치단체와 교육청의 여러 영역에 걸쳐 있어 중복되거나, 어느 한쪽의 전문성을 제대로 활용하지 못하는 경우가 발생한다. 이는 행정력 낭비와 예산 비효율로 이어진다.

③ 책임 소재의 불분명

경계가 모호한 사무에 대해서는 상호 간 책임 회피 현상이 발생하여 주민 불편을 초래하고 행정 서비스의 질을 저하시킬 수 있다. 대표적으로 학교 밖 청소년과 대안교육, 상담 복지 등에서 발생한다.

④ 주민 중심 행정의 한계

주민 입장에서는 학교와 지역사회의 경계가 불분명하고 아이들의 생활이 복합적임에도 불구하고, 교육 및 일반행정 서비스가 분절적으로 제공되어 통합적인 지원을 받기 어렵다.

이러한 분리는 제도적으로 '정상'으로 간주되는 경향이 강하다. 교육청은 자신의 고유 사무라며 협업보다는 단독 집행을 선호하고, 일반행정관서는 법적으로 교육 사무가 아니라는 이유로 관여하지 않으려는 관행이 굳어져 있다. 결국 협력은 구조가 아니라 '관계와 태도'에 의존하게 된다. 이 구조는 주민의 입장에서는 매우 비합리적이다. 학교는 마을 한가운데 존재하지만, 정책과 행정은 학교를 중심으로 통합되지 않고, 아이의 생활은 복합적인데, 정책은 분절적으로 작동하는 구조다.

그렇다면, 가장 크게 문제가 되는 '복합 정책 영역'은 무엇인가?

'복합 정책 영역'이란 교육과 일반행정의 경계가 모호하여 어느 한 기관의 단독적인 노력으로는 해결하기 어렵고, 여러 이해관계와 복잡한 상호작용이 얽혀 있어 '정답'을 찾기보다 '최선의 접근'을 모색해야 하는 '복합문제(wicked problem)'가 발생하는 지점을 의미한다. 현재 우리나라 지방행정에서 교육자치와 일반자치의 이원화된 구조는 이러한 복합문제들을 더욱 심화시키고 있으며, 이런 영역은 곳곳에서 확인된다. 이 문제는 단지 연계 미비를 넘어서 문제 해결을 어렵게 하고, 책임 회피 현상도 발생하며, 궁극적으로는 '교육권 보호의 실패'로 이어진다. 헌법이 보장한 교육받을 권리는 학교에 다니는 사람만의 권리가 아니다. 그러나 교육청은 여전히 학교에 남아 있는 학생만 관리하려는 경향이 있고, 다른 정부 부처나 지자체는 교육 행정과 분리된 별도 복지 사업처럼 운영하여, 정작 가장 많은 지원이 필요한 청소년은 그 어느 시스템에서도 책임지지 않는 상황이 발생한다.

또한 이러한 구조는 교육의 공공성을 크게 훼손하는 결과를 낳고 있으며, 지방교육자치가 복지·고용·지역사회 연계로 확장되지 못하고 있다는 제도적 한계를 그대로 보여준다. 이와 같은 복합문제는 단순히 사무 중복의 문제가 아니라, 교육정책이 학생을 중심으로 설계되지 않고, 기관 중심, 부서 중심의 행정 논리에 따라 설계되고 운영된다는 것을 보여준다. 그 결과는 명확하다. 아이는 한 명인데, 지원은 각기 따로 온다. 문제는 한 곳에서 발생했는

데, 아무도 책임지지 않을 수도 있다. 교육은 모두의 일인 듯하지만, 아무의 일도 아닐 수 있는 것이다. 이런 상황에서 자의든 타의든 교육청은 점점 더 많은 사무를 떠안게 되고, 지방자치단체는 법적 책임이 아니라는 이유로 협력보다는 회피에 가까운 태도를 보이게 될 우려가 존재한다. 많은 부분에서 이런 문제가 확인된다. 그 중 몇 가지 사례를 설명한다.

① 유치원과 어린이집 통합 (유보통합)

유치원은 교육부 및 시·도교육청 소관으로 '교육'의 영역에 속하고, 어린이집은 보건복지부 및 지방자치단체 소관으로 '보육'의 영역에 속한다. 현재 유보통합이 추진되며 문제의 상당 부분이 해결될 기미를 보이고 있으나, 근본적인 해결에는 여전히 많은 과제가 남아 있다. 이는 교육과 보육이라는 서비스의 본질적 연계성에도 불구하고, 이를 담당하는 주체가 광역 교육자치(교육청)와 기초/광역 일반자치(지자체)로 분리되어 있기 때문이다. 단일한 정책 목표 아래 예산과 인력, 시설이 효율적으로 배분되지 못하며, 이는 주민들의 혼란과 서비스의 비효율로 이어진다.[25]

② 돌봄 및 방과 후 정책

최근 '늘봄학교'가 도입되어 학교 중심의 돌봄 및 방과 후 활동이

---

25 정부의 유보통합 정책의 문제에 대해서는 필자의 『대증요법으로 망가지는 대한민국 교육』 책자를 읽어보기 바란다. 늘봄학교도 마찬가지이다.

확대되고 있지만, 한편으로 보건복지부와 지방자치단체는 '지역아동센터'나 '청소년방과후아카데미' 등을 통해 유사한 돌봄 서비스를 제공한다. 「지방자치법」은 주민의 복지 증진에 관한 사업 및 노인·아동·장애인·청소년 등의 보호와 복지 증진을 지방자치단체의 사무로 예시한다. 돌봄과 방과 후 활동은 본래 지역사회가 책임져야 할 영역임에도 불구하고, 지난 정부에서 이를 학교에 과도하게 집중시키면서 학교 밖 교육·학습 생태계가 붕괴되는 현상이 나타나고 있다. 이는 교육과 복지의 경계가 모호하고, 각 기관의 고유 사무 범위에 대한 책임 의식이 불분명하여 발생하는 복합적인 문제다.

③ 학교 보건 및 환경 위생 문제

현재 「지방교육자치법」 제20조 제9호에 따라 교육감이 학교체육·보건 및 학교환경정화에 관한 사항을 관장하도록 되어 있어 학교장의 책임이 강조된다. 그러나 학교 내 공기 질, 수질, 방역 등의 문제는 일반행정관서의 '보건환경연구원'이나 '보건소'와 같은 전문기관의 협력이 필수적이다. 「지방자치법」은 지방자치단체의 사무 범위에 공공보건의료기관의 설립·운영 및 감염병 예방과 방역을 포함한다. 코로나19 방역 위기 당시 보건소와 일반행정관서, 그리고 교육청과 학교 보건교사 간의 협력 체계가 일부 구축되기도 했듯이, 이러한 협력의 기틀을 확대 발전시켜 나갈 필요가 있다. 이는 교육의 독립성을 넘어선 협치와 전문성 활용의 문제다.

④ 학교 밖 청소년에 대한 정책

학교 밖 청소년에 대한 정책 또한 이원화되어 있다. 교육청은 주로 학교 안의 학생들만을 관리하려는 경향이 있고, 학교 밖 청소년은 지방자치단체가 운영하는 '학교 밖 청소년 지원센터(꿈드림센터 등)'에서 지원을 처리한다. 「지방교육자치법」은 교육감이 교육·학예에 관한 사무를 관장한다고 명시하고 있지만, 실제 운영에 있어서는 학교 안과 밖의 경계가 명확하게 나뉘어 정책 사각지대가 발생할 수 있다. 이는 대안학교의 경우에도 유사하게 나타나며, 청소년의 전인적 성장과 사회 통합을 위한 통합적 접근을 어렵게 만든다. 엄격하게 말하면 교육청이 담당해야 한다. 교육은 학교 안과 밖을 구분하지 않기 때문이다.

⑤ 학생 수련과 청소년 수련의 구분

교육청은 자체적으로 '학생수련원'을 건립하고 운영하며 학생 수련 활동을 독자적으로 진행하려는 경향이 있다. 「지방교육자치법」 제20조는 교육감이 교육·학예 진흥에 관한 사무를 관장하도록 규정한다. 그러나 이 과정에서 전문성이 부족하거나, 이미 존재하고 「지방자치법」 제13조 제2항 제5호에 따라 지방자치단체가 설치 및 관리할 수 있는 공공교육·체육·문화시설인 '청소년 수련시설'이 유명무실해지는 문제가 발생한다. 교육청의 수련 활동이 당일치기나 2일 정도의 집체 활동, 신체 단련 중심으로 운영되면서, 정작 지역 곳곳에 필요한 청소년 활동 시설에서 방과 후의 자연스러운 동

아리 활동이나 취미 활동이 이뤄지지 못하는 결과를 초래한다. 이는 중복 투자와 비효율, 그리고 청소년의 다양한 성장 욕구 미(未)충족으로 이어지는 전형적인 복합문제이다.

이 외에도 교육청과 일반행정관서와의 유사·중복 기능 시설이나 정책은 매우 다양한 영역에서 확인된다.

- 학생회관 (교육청) vs. 어린이회관 (행안부)
- 학생안전체험관 (교육청) vs. 국민(어린이)안전체험관 (행안부)
- 평생교육원(관) (교육부, 교육청, 지자체) vs. 평생학습관(평생교육센터) (지방행정관서)
- 학생교육문화회관 (교육청) vs. (문화)예술회관 (문화부)
- 학생수영장 (교육청) vs. 공공수영장 (문화부)
- 학교 체육(엘리트 체육) (교육청) vs. 생활 체육(엘리트 체육) (문화부)
- 교육청 공공도서관 (교육청) vs. 시군구 공공도서관 (문화부)
- 학생과학관 (교육청) vs. 국·공립 과학관 (과기정통부)
- 유치원 (교육부/교육청) vs. 어린이집 (복지부) – 현재 통합 진행 중
- 늘봄학교 (교육청) vs. 지역아동센터 (복지부)
- 교육복지사 (교육청) vs. 사회복지사 (복지부)
- 학생상담사 (교육청) vs. 청소년상담사 (여가부)
- 대안교육기관 (교육청) vs. 내일이룸학교 (여가부)
- 학생수련원 (교육청) vs. 청소년수련원 (여가부)
- 직업교육 (교육청) vs. 직업훈련 (고용부)

결론적으로, 위에 제시된 사례들은 지방자치와 교육자치의 분리된 구조가 낳는 전형적인 '복합문제(wicked problem)'들이다. 협치가 어렵고, 문제 해결도 쉽지 않다. 더 나아가 책임 회피의 구조도 만들어진다.

학교복합시설을 통한 연계 시스템 분석과 그 한계

최근 개정되어 2025.7.22. 시행될 「학교복합시설 설치 및 운영·관리에 관한 법률」(이하 '학교복합시설법')은 일반자치와 교육자치 간의 연계를 강화하려는 시도의 대표적인 사례다. 이 법은 학생과 지역 주민이 함께 이용할 수 있는 교육·문화·복지·체육·주차 시설 등을 '학교복합시설'로 정의하며, 설치 및 운영에 있어 양 기관의 협력을 명시한다.

① 협력 시스템의 법적 기반

- 설치 주체 및 협의(제5조): 지방자치단체의 장은 감독기관 등(교육감 등)의 동의나 요청이 있는 경우 학교복합시설을 설치할 수 있으며, 감독기관 등도 지방자치단체의 장과 협의하여 설치할 수 있다. 이는 설치 단계부터 양 기관의 협의를 필수적으로 요구하는 명확한 연계 조항이다.
- 건축 방식 및 소유권 협의(제5조): 시설의 기획, 설계, 공사 등 건축 과정의 주체를 협의하여 정할 수 있고, 소유권 또한 건축 방식, 재정 분담 비율 등을 고려하여 지방자치단체의 장과 감독기관 등이 협의하여 정할 수

있도록 한다. 이는 단순히 시설을 짓는 것을 넘어 재정적 책임까지 공유하는 구조를 마련하고 있다.

- 운영·관리의 협력(제6조): 학교복합시설을 설치한 자가 운영·관리하는 것이 원칙이지만, 학생과 지역 주민의 사용 공간, 이용 빈도 등을 고려하여 지방자치단체의 장과 감독기관 등이 협의하여 운영 관리자를 달리 정할 수 있다. 이는 운영 단계에서도 유연한 협력을 가능하게 한다.
- 재정 지원 및 경비 보조(제5조): 국가와 지방자치단체는 학교복합시설의 설치·운영을 위해 필요한 정책을 수립·시행하고, 인력 및 예산 확보 등 행정적·재정적 지원 방안을 마련해야 하는 책무를 진다. 지방자치단체의 장은 소요 경비의 전부 또는 일부를 감독기관 등에게 보조할 수 있으며, 교육부장관도 필요 시 경비 일부를 지원할 수 있다. 이는 재정적 연계의 기반을 마련하고 있다.
- 운영협의회(제7조) 설치: 각 학교에 학생, 학부모, 교직원, 지역 주민, 교육 및 안전 관련 전문가 등으로 구성된 '학교복합시설 운영협의회'를 설치할 수 있도록 하여, 현장 수준의 다양한 이해관계자들이 참여하는 소통 창구를 마련하고 있다.

② 시스템의 작동 여부 및 한계

학교복합시설법은 이전보다 훨씬 강제적이고 구체적인 협력 시스템을 구축하려는 의지를 보여준다. 특히 설치 주체, 소유권, 운영 관리 등 핵심적인 부분에서 양 기관의 '협의'를 명시함으로써, 기존의 느슨한 협력 관행을 넘어선 제도적 연계를 시도하고 있다. 또한, 교육부장관이 '학교복합시설지원시스템'을 구축·운영하여 관련 정보 제공을 요청할 수 있도록 한 것은 정보 공유를 통해 효율성을 높이려는 시도로 볼 수 있다.

그러나 이 시스템이 얼마나 '작동'하는지는 여전히 양 기관의 적극적인 의지와 관행 변화에 달려 있다. 법률에 명시된 '협의'가 형식적인 수준에 그치거나, 운영협의회가 충분한 실질적 권한 없이 자문에만 머무른다면 효율적인 연계는 어려울 수 있다. 여전히 독립적인 예산과 조직 구조 하에서 파생되는 실무적 마찰이나 책임 회피 현상이 나타날 가능성도 배제할 수 없는 것이다.

효율적인 연계를 위한 책임 재구조화 및 제도적 기반 강화

현재의 체제 하에서 교육청과 자치단체 간의 협력은 대부분 임시적·사안별 협의 수준에 머무르고 있다. 예컨대 학교 앞 도로 문제, 통학버스 배치, 환경 민원 등은 문제가 발생한 후에야 비공식적 협의를 통해 풀어가는 방식이다. 이 과정에서 행정의 책임 소재가 불분명해지고, 실질적인 주민 만족도는 낮아질 우려가 크다. 따라서 지금 필요한 것은 책임 재구조화이다.

① 사무 재(再)배분 및 책임 재구조화

학교 교육의 본질에 해당하는 사무(예: 교육과정, 교사 정책 등)는 교육청이 담당하고, 학교를 둘러싼 행정과 생활 인프라 영역(예: 보건, 안전, 시설, 문화복지, 돌봄 등)은 일반자치단체가 담당하는 구조가 합리적이다. 「지방자치법」 제12조 제1항은 지방자치단체가 사무를 처리할 때 주민의 편의와 복리 증진을 위하여 노력해야 한다고 규정하며, 이는 교육 분야에도 동일하게 적용되어야 할 원칙이다.

② **제도적 기반 강화**

이를 위해 단순한 협약 수준을 넘어, 다음과 같은 제도적 기반이 필요하다.

- 공통 사무에 대한 협력 협정 또는 공동 조례 제정: 「지방자치법」 제164조에 따른 지방자치단체 상호 간의 협력 의무를 교육 분야에까지 확장하여, 법률로 정해진 사무 배분의 기본원칙 하에 공통 사무에 대한 협력 협정을 의무화하고 필요시 공동 조례를 제정하여 법적 구속력을 부여해야 한다.
- 지자체와 교육청 간 연례 협의 의무화 및 평가제 도입: 「지방교육자치법」 제41조에 명시된 '지방교육행정협의회'를 활성화하여 교육감과 지방자치단체의 장이 정례적으로 만나 주요 정책을 협의하고 그 이행 성과를 평가하는 시스템을 도입해야 한다.
- 광역-기초 간 연계된 공동 사업 및 예산 설계: 「지방자치법」 제137조 제1항에 명시된 지방재정의 건전 운영 원칙을 고려하여, 교육과 일반행정 연계를 위한 공동 사업 추진 시 계획 단계부터 예산 편성 및 집행에 대한 협의를 의무화하여 재정 효율성을 극대화해야 한다.
- 지방의회 내 '교육·행정 연계특위' 상설화: 「지방자치법」 제47조 제2항

에 따라 지방의회가 조례로 의결되어야 할 사항을 정할 수 있듯이, 지방의회 내에 교육과 일반행정 간의 연계와 협력을 전문적으로 다루는 특별위원회를 상설화하여 제도적 논의의 장을 마련하고, 상위 법령인 「지방자치법」과 「지방교육자치법」의 정신에 부합하는 조례 제정 및 정책 제언 기능을 강화해야 한다.

교육의 실질은 더 이상 교실 안에만 있지 않다. 학교는 마을의 중심이고, 교육은 행정·복지·문화와 맞닿아 있다. 그렇다면 교육자치와 일반자치는 기능별로 분리되기보다, 기능별로 연결되어야 한다. 협력은 선택이 아니라, 이제 헌법 제31조의 교육받을 권리를 실현하기 위한 구조적 필수조건이다.

질문 16.

교육감 직선제는 교육적 가치 실현에 이바지했는가?

교육감 직선제는 교육 행정의 민주적 정당성을 확보하고 주민의 교육 참여를 확대한다는 긍정적 취지로 도입되었다. 그러나 실제 운영 과정에서는 교육의 본질적 가치인 자주성, 전문성, 정치적 중립성을 훼손하고 교육 서비스의 효율성까지 저해하는 다양한 문제점을 노출하고 있다.

「지방교육자치법」 제정 당시의 논쟁과 현재의 평가

「지방교육자치법」이 제정될 당시 국회 심사보고서[26]를 보면, 교육감 선출 방식을 두고 '직선제'와 '간선제' 간에 첨예한 찬반 논쟁이 있

---

26 국회 의안정보시스템(https://likms.assembly.go.kr/bill/main.do)의 제13대 국회에 상정된 「지방교육자치법 개정법률안(정부)」의 심사보고서를 의미한다.

었다. 당시에는 교육의 특수성을 고려하여 '간선제'가 선택되었다.

① 당시 간선제 주장의 논거

- 막대한 선거자금과 과열된 선거운동으로 인한 비교육적 후유증 발생 우려
- 유능하고 덕망 있는 인사가 선거라는 과정에 참여하기 어려울 수 있다는 점 지적

② 당시 직선제 주장의 논거

- 주민의 참여와 관심 증대
- 시·도지사와의 균형 유지
- 교육자치의 독립성과 위상 제고
- 풀뿌리 민주주의에 더욱 충실

③ 현재의 평가

시간이 지나 교육감 직선제가 도입되고 운영되면서[27], 당시 간선제 주장의 논거가 현실에서 상당 부분 맞았음이 드러나고 있다. 반대로 직선제 주장의 긍정적 효과는 기대와 달리 나타나지 않거나 오히려 역효과를 초래하고 있는 것으로 확인된다.

27　1991년 지방자치제도가 부활하고 2006년까지는 간선으로 교육감을 선출해왔으나, 부정 시비, 학교별 편 가르기, 주민 대표성 미흡 등의 문제가 지속됨에 따라 2006년 12월 20일 「지방교육자치법」을 전부 개정하여 교육감 직선제를 도입하였다.(김범주(2024). "미국의 교육감은 누가 임명하고, 선출하는가", 「이슈와 논점」 2278호, 국회입법조사처, 2024.10.17.

교육감 직선제가 교육적 가치 실현에 미치는 영향 (부정적 측면)

① 교육의 자주성(Autonomy) 훼손

- '교육청의 독립성' 오해로 인한 학교 자율성 제한: 교육감 직선제는 교육청의 중앙 정부로부터의 자주성을 확보하는 데 기여할 수 있지만, 종종 그 자주성이 '교육청의 독립성'으로 오해되어 학교의 자율성을 오히려 제약하는 수단으로 작용한다. 직선으로 선출된 교육감은 자신의 공약과 비전을 강하게 추진하려 하면서 학교 현장에 대한 간섭을 늘리거나, 교육청이 '또 하나의 교육부'처럼 군림하며 학교의 자율적 판단을 제한하는 경우가 발생한다.
- 중앙 정부 정책 거부 논리로 활용: 때로는 교육청의 자주성이 중앙 정부의 정책에 대한 무조건적인 거부 논리로 활용되어, 지역 교육 현장의 특수성을 반영하기보다 정치적 대립을 부추기는 수단이 될 수 있다.
- 학교 구성원 참여 보장의 미흡: 진정한 교육의 자주성은 교육청의 독립성뿐만 아니라, 학교 현장에서 교사, 학생, 학부모 등 학교 구성원들의 교육 활동 참여가 실질적으로 보장될 때 완성된다. 그러나 직선제 교육감 체제에서도 이러한 학교 단위의 민주적 참여와 자율적 결정권은 충분히 보장되지 못하고 있다.

② 교육의 전문성(Professionalism) 약화

- 과열된 선거운동과 비교육적 후유증: 직선제 도입 후, 막대한 선거자금과 과열된 선거운동은 실제 발생했으며, 이로 인한 비리 및 후유증으로 복수

의 교육감들이 사법 심사의 대상이 되고 직위를 잃는 사례가 나타났다. 지금도 사법 심사 중인 교육감도 있다. 이는 당시 간선제 주장의 논거였던 '비교육적 후유증 예상'이 현실화되었음을 보여주는 직접적인 증거이다. 또한, '유능하고 덕망 있는 인사가 선거라는 과정에 참여하기 어려울 수 있다'라는 우려도 선거의 과열 경쟁 속에서 일정 부분 현실이 되었다.

- 정치화된 선거로 인한 전문성 결여 및 부적절한 인사: 교육감 선거는 비록 무(無)정당·초(超)정파를 표방하지만, 실제로는 진보-보수 이념 대결 양상으로 흐르면서 선거 과정 자체가 정치화된다. 이로 인해 교육 전문성보다는 대중적 인기나 선거 운동 역량이 교육감 당선의 주요 요인이 되기 쉽다. 특히, 대학 교수나 대학 총장, 정치인 출신이 교육감으로 대거 당선되는 경향이 있는데, 이들은 높은 지명도를 가지고 있지만 유·초·중등 교육 현장 경력은 사실상 전무한 경우가 많다. 이러한 인사가 교육 행정의 최고 책임자로 선출될 가능성이 높아지면서, 교육 정책의 전문성은 약화되고 있다.

- 단기적 성과주의와 외형 부풀리기: 직선 교육감은 다음 선거를 의식하여 가시적인 단기적 성과나 대규모 시설 건립(예: 수영장, 학생회관, 과학관, 교육원, 학생수련원, 안전체험관 등)에 치중하는 경향이 있다. 이는 교육 예산의 비효율적 사용으로 이어지고, 교육과정 개발, 교수학습 연구, 교원 연수 등 교육의 본질적 내실을 다지는 데 필요한 장기적 투자가 위축될 수 있다. 때론 교육감의 지지 세력 확장이라고 해석할 여지도 존재한다. 교육청이 재정지원사업을 학교에 'bidding' 시키는 등 학교의 본연의 업무를 침해하는 행정 업무를 가중시키는 것 역시 전문성 약화의 한 요인이다.

- 학교장의 과도한 책임과 교직원의 비전문성 부담: 「학교보건법」이나 「교육시설법」에서 학교장에게 막대한 보건, 위생, 안전, 시설 관리 책임이 부

여되어 있지만, 초·중등학교의 행정 인력은 2~3명에 불과한 경우가 허다하다. 이는 '탁상공론'으로 설계된 제도가 '악마는 디테일에 있다'라는 비판처럼 학교장의 교육 전문성 발휘를 방해하고, 교사들에게 행정 업무 부담을 전가하며 교육 전문성을 저해한다. 교사 역량 양성 과정에서 교육과정 구성, 교수학습, 평가, 상담, 행정 능력 등에서 부족한 부분이 많다는 지적은 이러한 문제와 맞물려 더욱 심각성을 더한다.

③ 교육의 정치적 중립성(Political Neutrality) 훼손

- 이념 대결의 장으로 변질: 교육감 선거는 교육계를 이념적 대결의 장으로 만들고, 당선된 교육감의 이념적 지향에 따라 교육 정책이 급변하는 경우가 발생한다. 이는 교육의 일관성과 안정성을 해치고, 특정 이념이 학교 교육에 주입될 수 있다는 우려를 낳고 있다.
- 학생인권조례 논란: 학생인권조례는 이미 헌법재판소에서 문제가 없는 것으로 결정이 난 사안이다. 그럼에도 논란에서 벗어나지 못하는 이유는 인권조례가 권리는 강조했지만, 학생의 의무와 책임은 간과한 점, 학생인권만큼 소중한 교사의 수업권이나 학교의 경영권은 제대로 존중받지 못했다는 비판이 존재하기 때문이다. 어쨌든 이로 인해 서울과 충남에서 폐지 논란이 발생했다.
- 계기수업 논란과 교육감의 부적절한 개입: '계기수업' 논란은 교육의 정치적 중립성 훼손의 대표적인 사례이다. 「2022 교육과정 총론」에 의하면, 계기교육은 "학교가 필요에 따라 할 수 있으며, 이때는 계기교육 지침을 따르라"라고 명시되어 있다. 지침은 국경일이나 사회적 현안에 대해 학교 자체 계획을 수립하거나, 학교 교육과정위원회 또는 학교운영위원

회에서 구체적 실시 방향을 설정한 후 학교장의 승인을 받아 실시하도록 하는 것이다. 애초부터 교육감이 직접 개입할 필요가 없는 사안이다. 그러나 몇몇 사례에서 볼 수 있듯이, 교육감이 직접 의견을 표명하며 학교의 자율적 판단 영역에 개입하는 행태가 나타난다.

④ 교육받을 권리 및 행정관리 효율성 저해

- 복합문제 해결의 실패: 교육감 직선제로 인해 교육청이 '기관 중심, 부서 중심의 행정 논리'에 갇히면서, 돌봄, 학교 보건, 학교 밖 청소년 지원 등 일반 지방자치와의 협력이 필수적인 '복합 정책 영역'에서 문제 해결에 실패할 수 있다. 이는 '거래 비용'을 증가시키고, '아이는 한 명인데 지원은 여러 방향에서 따로 오는' 비효율을 초래하여 결국 헌법이 보장한 '교육받을 권리'가 제대로 실현되지 못하게 될 수 있다.
- 책임 회피 현상: 문제 발생 시 교육감과 일반 지방자치단체장 간의 정치적 대립 또는 책임 전가 현상이 발생하여, 문제 해결이 지연되고 행정의 비효율성을 야기한다.

당시 직선제 주장의 논거에 대한 반대 증거

① 주민의 참여와 풀뿌리 민주주의의 한계

직선제 주장 논거 중 하나였던 '주민의 참여와 관심 증대' 및 '풀뿌리 민주주의 충실'은 현실에서 미흡하게 나타나고 있다. 특히, 교육감 보궐선거의 저조한 투표율은 주민들이 이 선거를 중요하게 여기지 않는다는 증거이다. 최근 벌어진 2번의 보궐선거의 투표율을 보면, 정치적 몰입도가 높은 특정 집단(대략 15% 내외로 추정되는)의 투표로 선거 결과가 좌우되는 경향을 보여준다. '대표성'에 큰 문제가 초래되고 있음을 알 수 있다.

② 교육자치의 독립성과 위상 제고의 허상

직선제 교육감이 선거를 통해 선출되었음을 근거로 정치적 대표성을 주장하게 되면서, 지방자치법 제18조에 따라 시·도지사가 지방자치단체를 대표한다고 명확히 규정되어 있음에도 불구하고, 교육감의 대표권이 소송이나 재산의 등기 등으로 제한됨에도 불구하고, 일반행정기관과의 협력이 지지부진하게 되는 역설적인 상황이 발생한다. 지방교육자치법 제18조 제2항은 "교육감은 교육·학예에 관한 소관 사무로 인한 소송이나 재산의 등기 등에 대하여 해당 시·도를 대표한다."라고 규정하고 있으며, 이는 교육감의 대표권이 제한적임을 명확히 보여준다. 이러한 상황에서 교육감의 '독립성' 주장은 사실상 '고립'이나 '단절'로 이어져 전반적인 지방 행정의 비효율성을 야기하며, 교육자치의 위상 제고보다는 오히려 지방 행정의 혼선을 초래하는 결과를 낳고 있다.

질문 17.

미국의 교육감 직선제와 우리나라의 교육감 직선제는 같은 제도인가?

미국의 교육감 제도와 우리나라의 교육감 직선제는 그 국가의 통치 구조, 교육 시스템의 분권 정도, 그리고 교육감의 실질적 역할과 위상에서 본질적으로 다른 제도이다. 따라서 '미국에서도 하니 우리도 한다.'라는 일부 주장은 맥락을 고려하지 않은 잘못된 비교이자 논리적 오류를 내포한다.

미국의 주(State) 교육감과 우리 시·도 교육감의 비교가 부적절한 이유

교육감 직선제를 옹호하는 측에서 흔히 '미국 주 정부에서도 교육감을 직선제로 선출한다.'라는 주장을 펼치지만, 이는 다음과 같은 이유로 본질적으로 잘못된 비교이다.

① 통치 구조 및 권한의 위상 차이

미국(연방제 국가)의 주 정부는 우리나라의 중앙 정부에 비견될 만한 강력한 자치권과 광범위한 권한을 가진다. 연방 정부는 교육에 직접 개입하지 않는 '지방분권형' 교육 시스템을 채택하고 있으며, 각 주가 교육 정책에 대한 높은 자율권을 행사한다. 주 교육감은 주 교육부의 행정 수장으로서 주 단위의 교육 정책을 집행하는 역할을 한다.

반면, 대한민국은 중앙 정부(교육부)가 국가 교육과정, 예산 배분 등 교육 전반에 강력한 영향력을 행사하는 단일국가 체제이다. 시·도 교육감은 광역 지방자치단체 단위의 교육 최고 책임자이지만, 그 권한은 미국의 주 교육감이 가지는 권한과는 다르다. 미국의 주 교육감과 우리나라의 시·도 교육감을 직접 비교하는 것은 마치 미국의 주지사와 우리나라 시장·군수와 비교하는 것과 같은 비유적 오류를 범할 수 있다.

② 교육자치의 실질적 중심점의 차이

미국 교육자치의 실질적인 중심은 주 정부가 아닌 학구(School District) 단위에 있다. 학구 교육감과 학구 교육위원회가 예산, 인사, 교육과정 등 교육의 핵심적인 부분을 결정하고 실행한다. 주 교육감은 주로 주 정부 차원의 행정 총괄 및 정책 집행을 담당할 뿐, 개별 학교 운영에 대한 직접적인 영향력은 제한적이다.

③ 미국 내 직선제 감소 추세[28]

가장 중요한 점은 미국에서도 주 교육감 직선제가 줄어들고 있다는 사실이다. 1920년대 교육감 주민직선제를 시행하는 주는 34곳이었다. 그러나 2020년 기준, 전체 50개 주 중 13개 주에서만 주 교육감을 직선으로 선출하고 있으며, 주지사 임명(19곳) 또는 주 교육위원회 선출(18곳) 방식으로 3분(分)되었다. 즉, '미국이 하니 우리도 한다.'라는 주장은 이미 미국 내에서도 그 타당성을 잃고 있는 셈이다.

미국의 학구 교육감과 우리 교육감의 비교가 부적절한 이유

그렇다면 미국의 학구 교육감과 우리나라의 교육감 제도를 비교하는 것은 어떨까? 학구 교육감은 여러 학교를 관할한다는 점에서 우리나라의 교육지원청 교육장이나 시·도 교육감의 역할과 일부 유사해 보이지만, 본질적인 차이는 여전히 존재한다.

① 단위의 독립성 및 권한의 범위

- 미국 학구(School District): 대부분의 학구는 자체적인 예산 편성 및 징세 권한을 가지는 독립적인 지방자치단체이다. 주민이 선출하는 학군 교육

---

28 김범주(2024), "미국의 교육감은 누가 임명하고, 선출하는가", 『이슈와 논점』 제2278호, 국회입법조사처, 2024.10.17.

위원회(Local School Board)가 학구 교육감을 임명하며, 학구 교육감은 학구 내의 교육과정, 예산, 인사 등 교육 전반에 걸쳐 광범위한 권한을 행사한다.
- 대한민국 시·도 교육감: 광역 지방자치단체 내에서 교육·학예 사무를 총괄하지만, 그 권한은 중앙 교육부의 영향, 관계 법령에 기속, 그리고 지방교육재정교부금 의존도 속에서 제한적이다.
- 대한민국 교육지원청 교육장: 교육지원청은 시·도 교육청의 하급 행정기관으로서, 독립적인 지방자치단체가 아니다. 교육감으로부터 위임받은 사무를 처리하고 관할 학교를 지도·감독하지만, 미국의 학군처럼 자율적인 예산 및 정책 결정권을 가지지 못한다.

② 선출 방식의 차이

미국의 학구 교육감은 주로 지역 학구 교육위원회에 의해 임명되는 경우가 많으며, 주민 직선으로 선출하는 학구 교육감은 일부 지역에 한정된다. 이는 우리나라 시·도 교육감이 전면 주민 직선으로 선출되는 것과 대조적이다.

③ 개별 학교 자율성의 수준

미국은 학구 내에서도 개별 학교의 자율성이 매우 높다. 각 학교가 교육과정 운영, 예산 집행, 교원 채용 등에서 상당한 자율성을 가진다. 학군 교육감이나 학군 교육위원회는 학군의 큰 틀과 목표를 제시하되, 학교 현장의 세부적인 운영에 대한 통제는 최소화하는 경향이 강하다.

반면, 우리나라의 학교는 시·도 교육청과 교육지원청의 통제 아래 놓여 있어, 학교장의 막대한 법적 책임에도 불구하고 학교 운영의 자율성은 매우 제한적이다. 교원 인사권의 부재, 교육청의 과도한 사업 지시 및 서류 요구, 교육과정의 비(非)자율성 등이 그 예시이다.

정리하면,

미국의 교육감 제도와 우리나라의 교육감 제도는 국가의 통치 구조, 교육 행정의 분권화 정도, 각급 교육 책임자의 실질적 권한과 자율성, 그리고 개별 학교의 자율성 수준에서 큰 차이를 보인다. 따라서 '미국이 하니 우리도 한다.'라는 식의 단순 논리는 이러한 본질적인 차이를 간과하여 우리나라 교육감 직선제의 문제점을 가리고, 실질적인 제도 개선 논의를 방해할 수 있다.

질문 18.

지금까지 확인된
교육자치의 문제는 무엇인가?

지방교육자치제도는 교육의 특수성을 명분으로 일반 지방행정과 분리되어 운영되어 왔다. 그러나 주민자치와 단체자치의 본질, 헌법적 근거, 그리고 시대적 변화에 따른 평생교육 관점에서 볼 때, 현재의 교육자치가 과연 진정으로 필요한지, 그 존재 이유에 대한 근본적인 의문이 제기된다. 지금까지 확인된 교육자치의 문제를 정리한다.

주민자치 관점에서 본 교육자치의 한계

주민자치는 주민의 직접 참여와 의회라는 대의적 장치를 통해 자치권을 행사하는 것을 중요하게 생각한다. 특히 주민자치는 국가 권력을 제한하고, 주민의 복리 증진을 최우선 목표로 삼는다. 반면, 교육자치는 교육의 자율성, 전문성, 정치적 중립성을 강조하면서, 교육감과 교육청을 중심으로 한 독립적 자치 모델을 제도화하고 있다. 그런데 주민자치의 구조 안에서 주민의 참여와 의사결정권이 보장된다면, 굳이 별도의 지금과 같은 교육감 직선제와 같은 교육자치가 필요하냐는 근본적인 의문이 제기될 수 있다. 주민자치의 논리에서 교육감을 직선제로 뽑아야 한다는 논거가 당연하게 나오질 않기 때문이다. 또한, 교육자치가 별도로 존재함으로써 종합 행정이라는 지방자치의 특성이 구현되기 곤란하며, 교육과 일반행정이 분리되면서 정책 결정의 비효율성이 초래될 수도 있다.

단체자치 관점에서 본 교육자치의 한계

단체자치의 핵심은 중앙정부의 권한을 지방으로 재배분하는 것에 있다. 따라서 지방자치단체는 종합 행정의 단위로서 모든 자치권을 포괄적으로 행사할 수 있어야 한다. 그러나 교육자치는 특정 분야(교육)에 대한 자치권을 별도로 설정하여 지방자치단체의 종합 행정 기능을 약화시키는 구조적 문제를 내포하고 있다. 모든 지방자치단체는 행정, 복지, 환경, 경제, 교육을 포함한 종합적 기능을 가져야 한다. 그런데 교육을 독립된 자치권으로 분리하면, 복지, 환경, 경제 등과의 정책적 연계성이 단절될 위험이 커진다. 예를 들면, 지역사회와 학교의 연계 정책(예: 마을교육공동체, 평생교육센터 등)이 단절되거나 효율성이 제한적일 수 있다. 즉, 단체자치의 관점에서도 교육자치가 별도로 존재해야 할 근거는 미약하다.

헌법적 관점에서 본 교육자치의 한계

헌법 제117조는 지방자치를 명시하고 있지만, 교육자치에 대한 명시적 언급은 없다. 즉, 헌법적 근거가 미약한 상태에서 교육자치를 법률로서 별도로 도입하는 것은 헌법 정신과 배치될 가능성이 존재한다. 교육계는 헌법 제31조 제4항의 '교육의 자주성, 전문성, 정치적 중립성'을 교육자치의 헌법적 근거라고 주장하지만, 헌법은 명시적으로 '교육'을 이야기했지, '교육 행정'을 이야기하고 있지 않다. 그리고 교육의 자주성, 전문성, 정치적 중립성은 교육 활동 그 자체에 관한 것이지, 교육 행정을 분리하여 별도의 자치 단위로 설정하라는 의미로 해석하기도 곤란하다. 교육의 자주성과 전문성은 학교 단위의 자율성을 의미하며, 이를 교육청의 행정적 독립성으로 확대 해석하는 것은 논리적 비약이다.

또한, 지방교육자치가 별도로 존재해야 한다면, 이는 사실상 교육고권(敎育高權)의 존재를 인정해야 할 가능성까지 확대되는 사안이다. 한때 국가교육위원회를 독립기관으로 주장했던 것도 바로 이러한 사고의 연장선상에서 나온 것이다. 그러나 우리 헌법 어디에도 교육고권을 인정하고 있지 않다. 교육행정은 선거관리위원회나 헌법재판소와 같은 헌법기관이 해야 하는 성격이 아니다. 이런 논리를 확장하면 교육부장관도 각부장관이어서는 곤란하고 헌법적 기구의 장이 되어야 한다. 이는 곧 삼권분립의 기본 원칙과 충돌할 위험이 있고, 교육이 입법, 사법, 행정 어느 쪽에도 속하지 않는 제4의 권력이 될 위험성이 존재하게 된다. 결론적으로 교육자치를 별도로 설정하는 것은 헌법적 근거가 불충분하고, 정치적 중립성이라는 명분이 오히려 권력의 분립 논리를 훼손할 가능성이 있다.

평생교육 관점에서 본 교육자치의 문제점

만약 평생교육의 관점으로 교육을 확대해서 본다면, 교육자치는 단순히 초·중등 교육에 국한되지 않으며, 성인 교육, 직업 교육, 재교육, 노인 교육까지 포함해야 한다. 이는 교육자치가 단순히 학교 중심의 자치가 아니라, 지역사회의 모든 학습권을 포괄하는 구조로 전환되어야 함을 의미하게 된다.

평생교육은 노동, 복지, 건강, 문화, 환경 등과 밀접하게 연관된다. 실업자 재교육, 중장년층 직업 전환 교육, 노인 복지와 연계된 교육 프로그램 등이 대표적이다. 따라서 교육자치가 단순한 학교 교육에 머문다면, 평생교육의 요구를 수용하기 어렵다. 이는 평생학습사회로의 전환이라는 시대적 요구에 역행하는 측면이 있다. 지금의 교육자치 논의는 지극히 협소하다. 그리고 평생학습 시대에 학교교육만의 자치를 주장하는 것은 시대착오적이다.

교육자치의 근본적 비판: 주민 복리와의 단절

헌법 제117조 제1항은 지방자치의 핵심을 주민의 복리 증진임을 명확히 한다. 교육은 주민 복리의 핵심 요소다. 교육은 개인의 발전, 지역 사회의 성장, 공동체의 유대를 강화하는 핵심 수단이다. 따라서 교육을 주민 복리에서 분리하는 것은 기본적인 자치의 원칙과 충돌한다. 교육은 단순한 학습이 아니라, 주민의 복리와 직결된 문제다. 예를 들면, 지역사회의 교육 수준은 지역 경제, 복지, 범죄율, 문화적 역량에 직접적인 영향을 미치고, 양질의 교육은 건강, 소득, 사회적 유대감에도 긍정적 영향을 주는 요소가 된다.

교육자치가 일반자치와 분리될 경우 아래와 같은 여러 문제가 발생한다. 이미 충분히 설명한 바 있다.

- 지역 복지시설의 복합화 어려움: 예를 들면, 학교와 도서관, 복지관, 주차장을 통합한 복합시설 설치가 어려워진다.
- 공간 활용의 비효율성: 학교 시설을 주민이 활용할 수 없게 되면, 지역 커뮤니티 활성화가 저해된다.
- 예산의 비효율성: 교육 예산과 일반 복지 예산의 분리가 예산 낭비와 중복 투자를 초래한다.

또한, 주민의 복리는 단순히 교육의 질뿐만 아니라, 주거 환경, 생활 편의, 문화·복지 등과 밀접하게 연관되는 것이다. 예를 들면, 주차장 부족 문제는 학교 운동장을 주민 주차장으로 활용할 수 있지만, 교육청의 독립적 재산권이 이를 막는 경우가 발생할 수 있으며, 도서관 확충도 학교 내 도서관을 지역 주민이 함께 활용할 수 있는 복합 시설로 확장하는 것이 합리적일 수 있다.

정책 연계성의 단절도 심각한 문제다. 지방자치단체는 종합 행정의 주체로서 교육, 복지, 환경, 교통 등을 통합적으로 관리해야 한다. 교육이 일반행정에서 분리될 경우, 지역사회의 발전 방향과 불일치가 발생할 수 있다. 예를 들면, 학교 주변 환경 개선, 학생 안전 문제, 지역사회와의 협력 교육 등이 단절될 위험이 있다.

이는 결과적으로 교육계의 독립성과 '잘 먹고 잘 살기' 문제를 초래하게 된다. 즉, 교육자치의 분리 논리는 결국 '섬'을 만드는 것과 같다. 지역사회와 단절된 교육계는 스스로의 필요에만 집중할 가능성이 크다. 예를 들면, 학교 시설을 지역 주민과 공유하지 않고, 교육계의 독립적 이해관계만을 추구하는 구조가 형성될 위험이 있다. 정치적 중립성을 이유로 교육자치를 강조하는 논리는, 실제 교육 현장에서는 오히려 정치적 영향을 더 크게 받을 위험이 있다. 예를 들면, 교육감 선거가 정치적 논쟁의 장이 되고, 이는 실질적인 교육의 질 개선보다는 정치적 대립을 강화하는 결과를 초래할 수 있다.

이러한 문제에 대한 대안은 아주 심플하다. 주민 복리 중심의 통합적 교육 모델이 필요한 것이다. 일부를 예시하면 아래와 같다.

- 복합 시설의 적극 활용: 학교 시설을 지역사회와 공유하여, 도서관, 주차장, 복지관, 체육시설 등을 복합시설로 바꾸는 방향으로 전환해야 한다. 예를 들면, 학교 체육관을 주민들이 저녁 시간에 사용할 수 있도록 개방하거나, 폐교를 문화센터, 창업지원센터, 커뮤니티 공간으로 전환하는 것이다.

- 교육과 일반행정의 통합적 계획 수립: 교육 정책이 복지, 환경, 교통, 주거 정책과 통합될 수 있도록 구조를 개선하고, 주민의 복리를 최우선으로 고려한 교육정책 설계가 필요하다. 예를 들면, 마을교육공동체, 평생학습센터와 같은 통합적 모델 구축이 필요하다.
- 학교 운영과 시설 활용에 대한 주민의 실질적 참여 보장: 주민 투표, 주민 발의, 공청회 등을 통한 적극적 참여가 필수적이다.

교육 권력은 통합된 행정 권력의 일부

교육자치는 단순히 자치 단위를 분리하는 문제가 아니라, 지방자치의 기본 원리에 근거하여 재검토할 필요가 있다.

- 주민자치의 관점에서 본다면, 이미 의회라는 대의적 장치가 존재하므로, 별도의 교육자치가 필요하다는 논리는 약하다.
- 단체자치의 관점에서도, 교육을 별도로 분리하는 것은 종합 행정의 원칙과 정책 연계성을 훼손할 위험이 크다.
- 헌법적 관점에서도, 교육자치는 명확한 근거가 부족하며, 평생학습시대라는 관점에서 보면 기존의 교육자치 논리는 지극히 협소하다.
- 교육은 주민 복리의 핵심 요소이므로 교육자치가 일반자치와 분리되는 것은 바람직하지 않으며, 지방자치의 기본 원칙에 입각해서 교육청과 일반행정을 통합적으로 바라보는 구조적 전환이 필요하다. 그리고 교육청이 아닌 지방자치단체가 주민의 복리를 책임지는 통합적 관리 주체로 기능할 수 있어야 한다.

결과적으로 교육 권력은 일반행정권력과 완전히 분리될 수 없다. 교육은 공공 서비스의 일부이며, 정책적으로 국가 운영의 중요한 부분을 차지한다. 즉, 교육 권력은 독립적인 '제3의 권력'이 아니라, 국가의 행정권력(행정권) 안에 포함된 하위 권력에 불과하다. 또한, 지방교육자치를 한다고 해서 교육 권력이 독립적으로 형성되는 것은 아니다. 교육감이 교육 정책을 독립적으로 운영한다고 해도, 국가의 법령, 국가교육과정, 교육부의 정책을 따라야 한다. 대한민국 국회, 시·도의회의 통제를 받는다. 의회의 통제는 곧 정치적 통제다. 또한 교육재정의 거의 전부가 중앙정부에서 지원되기 때문에, 실질적으로 교육 권력이 독립적으로 행사되기는 어렵다. 이미 한번 언급했지만, 평생교육뿐만 아니라 고등교육까지 고려하면, 교육 권력은 더욱 일반행정권력과 통합될 수밖에 없다. 유·초·중등 교육 중심의 논리로 교육 권력을 논할 수 없다. 평생교육 체제에서는 지역사회, 기업, 대학, 연구소 등이 모두 교육 주체로 참여하게 되며, 시도교육청 중심의 교육권력 개념이 무의미해진다. 즉, 교육 권력은 특정 기관(교육청, 교육부)에 국한된 것이 아니라, 다양한 주체들이 협력하는 거버넌스 모델로 운영되어야 한다.

질문 19.

저출생·고령화 시대, 미래 교육 환경 변화에 지금의 지방교육자치가 제대로 대응할 수 있을까?

저출생·고령화는 한국 사회의 가장 거대한 구조적 변화이며, 이는 교육 환경 전반에 걸쳐 심대한 영향을 미치고 있다. 특히 지방 공동화 현상은 학령기 학생 수 감소를 넘어 지역 소멸 위기로 이어지고 있으며, 고령 인구 증가에 따른 평생학습 수요 증대 등은 기존의 지방교육자치 체제가 직면한 새로운 도전이다. 학령기 학생은 줄어들고 노인 인구는 늘어나는 상황에서, 읍면동과 도서벽지의 학생들의 교육받을 권리를 보장하면서도, 한정된 교육 자원을 최대한 효율적으로 사용해야 하는 과제가 있다. 현재 드러난 문제는 아래와 같다.

학교 공간의 재구조화 및 지역사회 연계 강화

① 유휴 교육 시설의 지역사회 자원화

학생 수 감소로 인한 유휴 교실 및 폐교는 단순한 폐쇄를 넘어, 지방 공동화 현상에 대응하는 핵심 거점으로서 지역사회의 평생학습 공간, 문화·체육 시설, 노인 복지 시설 등으로 전환하여 활용해야 한다. 이는 Perry의 '근린주구이론'의 정신을 살려 학교를 지역 커뮤니티의 중심(Community Hub)으로 재탄생시키는 기회가 될 것이다.

② 복합시설 확대 및 공동 기획

학교 시설을 설계 단계부터 지역 주민과 함께 이용할 수 있는 복합 시설(도서관, 체육관, 공연장 등)로 계획하고, 지자체 일반행정관서와 교육청(혹은 교육위원회)이 공동으로 기획, 건설, 운영하는 모델을 적극 추진해야 한다. 이는 '거래 비용'을 줄이고 재정의 효율성을 높일 수 있다.

생애 주기 전반을 아우르는 '평생학습복지' 시스템 구축

① 평생교육의 지자체 일원화 및 강화

고령 인구 증가에 따른 평생학습 수요 증대에 대응하기 위해 평생교육 사무를 기초지자체장 소관으로 일원화하고, 중앙정부(교육부) 및 다른 부처(고용노동부, 복지부 등)의 관련 인력개발 정책과 예산을 지자체가 총괄하여 통합 관리해야 한다. 이는 '성인과 노인의 교육훈련 시스템을 완비'하고, '학습복지사회'를 구현하는 핵심이다.

② 유연한 교육과정 제공

학령인구 외의 다양한 연령층(청년, 중장년, 노인)을 위한 맞춤형 직업 전환 교육, 재취업 교육, 인문 교양 교육, 디지털 문해교육 등 유연하고 접근성 높은 평생학습 프로그램을 확대해야 한다.

데이터 기반의 교육 정책 수립 및 지역 맞춤형 교육 강화

① 인구 변화 예측 및 반영

저출생·고령화에 따른 지역별 인구 변화 데이터를 정밀하게 분석하고, 이를 바탕으로 학교의 신설, 통폐합, 학급 운영 계획 등을 선제적으로 수립해야 한다.

② 읍면 단위 학교 통폐합과 일반행정의 협력

특히 읍면 단위 학교의 통폐합이 불가피할 경우, 학생들의 통학 문제와 기숙사 문제 등 발생 가능한 현안에 대해 지방교육자치와 일반행정(지자체) 간의 긴밀한 협력이 필수적이다. 교육청 단독으로는 해결하기 어려운 교통, 주거, 복지 등 종합적인 지원 시스템을 일반 지자체와 함께 구축해야 한다.

③ 지역 특화 교육

각 지역의 산업 구조, 사회적 특성, 주민 수요에 맞는 특화된 교육과정 및 프로그램을 개발하고 운영할 수 있도록 학교와 교육지원청에 '맥락화(contextualisation)' 및 '맞춤화(customization)' 권한을 부여해야 한다.

지방 소멸 위기 대응을 위한 '시골 유학' 장려 시스템 구축

① 가족 단위 인센티브 제공

지방 공동화 현상에 적극적으로 대응하고 학생 수를 확보하기 위해, 학령기 아동이 있는 가족 전체가 시골로 이주하거나 학생과 함께 가족 일부라도 전학 오는 경우 국가가 인센티브를 제공하는 시스템이 필요하다. '전입 지원 축하금', '1차 년도 지원비', '2차 년도 지원비' 등 구체적인 재정 지원 방안을 마련하여 정주 여건 개선을 유도해야 한다.

② 고품질 '모델 학교' 구축 및 문화적 소외 해소

시골 지역에 정말 다양한 교육이 가능하고 제대로 역량을 기를 수 있는 '모델 학교'를 구축해야 한다. 또한, 시골에 살더라도 문화적 기회에서 소외되지 않는다는 것을 보여주기 위해 온라인, 하이

브리드, 오프라인 등 다양한 교수학습 방법론을 개발하고, 대도시로의 수학여행 등 문화 체험 기회를 자주 제공해야 한다.

③ 지자체와 교육청의 협력 및 중앙정부 지원

이러한 '시골 유학' 장려 시스템은 각각의 지방자치단체가 지역 특색별로 사업을 운영할 수 있도록 지자체 행정관서가 교육청과 협력하여 방안을 마련해야 한다. 물론, 이에 필요한 재정 지원은 중앙정부가 법에 기반을 두고 안정적으로 제공해야 한다.

저출생·고령화는 지방교육자치가 단순한 유지·보수를 넘어, 사회 변화에 능동적으로 대응하고 미래 세대의 삶을 준비시키는 종합적인 '사회 서비스 플랫폼'으로 진화해야 함을 요구하고 있다. 그러나 지금의 지방교육자치가 이러한 문제를 해소할 수 있을지 하는 의문이 사라지지 않는다. 일반행정관서와의 협력은 필수적이다.

제5부에서는 현재 지방교육자치의 실패를 극복하고, 진정한 '자치교육'을 구현하기 위한 구체적이고 혁신적인 활성화 방안을 제시한다. 시도교육청을 '시도자치교육위원회'라는 합의제 행정위원회로 전환하는 방안을 핵심으로 논의하며, 이를 통해 교육의 자주성, 전문성, 정치적 중립성을 확보하고 행정 능률성을 높이는 길을 모색한다. 특히, 교육청의 주된 기능을 '교육과정 및 교수학습 전문성 강화'(교육연구원)와 '교원 역량 개발'(교육연수원)에 집중하는 '삼두마차론'을 제시하여 학교 중심의 자치교육을 실현하고, 학교 운영의 재정 및 행정 자율성 강화의 중요성을 역설한다. 나아가 중앙정부(교육부, 국가교육위원회)와의 바람직한 관계 재정립, 지방교육재정교부금 제도의 개편, 그리고 교육감 선출 방식에 공론화 과정을 도입하여 민주성과 전문성을 동시에 확보하는 방안을 심층적으로 다룬다. 궁극적으로는 교육이 단순히 특정 기관의 권한이 아닌 '공공의 책무'이자 학습자의 '학습권' 보장을 위한 핵심 요소임을 강조하며, 지방자치단체의 '지방정책권' 강화를 통해 국가와 지방이 수평적으로 협력하는 미래 교육 거버넌스 모델을 제시하고 있다.

제5부.

자치교육 활성화 방안

질문 20.

시도자치교육위원회 도입 방안은?

    이 방안은 지금까지 논의했던 지방교육자치가 배태한 많은 문제를 해결하면서도 교육의 자주성, 민주성, 정치적 중립성을 보장하기 위한 현실적인 방안이다. '시도자치교육위원회'를 합의제 행정위원회로 도입하는 것이다.

    '합의제 행정위원회' 도입 방안은 현재 지방교육자치가 직면한 난제들을 총체적으로 해결하고, 진정한 교육의 본질을 실현하기 위한 중요한 대안이다. 우리는 이미 자치경찰제도에서 유사한 경험을 갖고 있으며, 이를 교육행정에 적용할 가능성을 모색할 수 있다.

현행 지방교육자치의 한계와 합의제 행정위원회 도입의 필요성

현재 지방교육자치 체제는 다음과 같은 구조적 한계와 문제점들을 드러내고 있으며, 이는 교육의 본질적 가치 실현을 어렵게 한다. 많이 설명했지만 다시 설명한다.

① 불완전한 자주성과 정치화된 선출

교육감 직선제는 교육의 자주성을 확보하기 위함이었으나, 오히려 선거 과정의 정치화와 이념 대결을 심화시키고 있다. 이는 유능하고 덕망 있는 인사의 참여를 어렵게 하고, 당선 무효형 확정 사례와 같은 비교육적 후유증을 낳는 원인이 된다.

② 전문성 약화와 '또 하나의 교육부' 비판

교육 전문성보다는 대중적 인기에 기반을 둔 선출이 이루어지고, 시도교육청이 교육부를 모방하여 학교에 과도한 사업을 지시하고 외형 부풀리기식 사업을 추진하는 경향이 크다. 이는 교육의 내실을 저해하고 행정 비효율을 가중시킨다.

③ 복합문제 해결의 실패와 비효율성

교육과 일반행정의 이원화된 구조는 돌봄, 학교 보건·안전, 학교 밖 청소년 지원 등 '복합 정책 영역'에서 사무 중복, 책임 회피, 높은 '거래 비용'을 발생시킨다. 이는 결과적으로 주민들의 교육받을 권리 실현을 저해하는 요인이 된다.

④ 낮은 대표성과 고립

교육감 보궐선거의 저조한 투표율은 직선제의 대표성에 의문을 제기하게 만든다. 또한, 선출직 교육감이 정치적 위상을 주장하며 일반 지방자치단체와의 협력을 등한시하는 경향은 교육 행정을 '고립된 섬', '그들만의 리그'로 만들고 있다.

이러한 문제들은 교육감 직선제뿐만 아니라 교육자치 체제 자체의 구조적 한계에서 비롯되며, 교육의 본질적 가치 실현을 어렵게 한다. 따라서 현재의 한계를 극복하고 교육의 자주성, 전문성, 정치적 중립성을 실질적으로 구현하기 위한 대안으로 '합의제 행정위원회' 도입 모델이 필요하다.

합의제 행정위원회로서의 '시도자치교육위원회' 도입 방안

합의제 행정위원회는 현재 시행된 자치경찰제도의 '시도자치경찰위원회' 모델에서 착안한 것이며, 교육감 선출 과정에 공론화 방식을 적용하는 것과도 연계될 수 있다.

① 개념 및 위상

새로운 교육위원회는 시·도청의 하부 조직 중 하나이면서도, 「국가경찰과 자치경찰의 조직 및 운영에 관한 법률」 제18조 제2항에서 시도자치경찰위원회가 "합의제 행정기관으로서 그 권한에 속하는 업무를 독립적으로 수행한다."라고 명시하듯이, 법적으로 독립적인 합의제 행정위원회의 성격을 가진다. 「지방자치법」 제129조에서도 지방자치단체는 소관 사무의 일부를 독립하여 수행할 필요가 있으면 법령이나 조례로 정하는 바에 따라 합의제 행정기관을 설치할 수 있도록 하고 있다.

② 도입 목적 및 기대 효과

- 전문성 및 중립성 확보: 교육위원회는 교육 전문성, 지역 대표성, 공정성을 담보할 수 있는 다양한 배경의 위원들(예: 교육 전문가, 시민사회 및 학부모 대표, 대학 전문가, 지자체장과 지방의회 추천 인사 등)로 구성된다. 「국가경찰과 자치경찰의 조직 및 운영에 관한 법률」 제19조 제1항, 제20조 제1항 및 제2항에서 시도자치경찰위원회 위원이 시·도의회, 국가경찰위원회, 교육감, 추천위원회, 시·도지사 등 다양한 주체의 추천과 자격 요건을 통해 임명되듯이, 교육위원회 위원 구성도 전문성과 대표성을 동시에 추구할 수 있다. 이를 통해 교육 정책 결정의 전문성을 높이고, 선거의 정치적 영향을 줄여 중립성을 강화할 수 있다.
- 책임성 및 민주적 정당성 확보: 교육감은 교육위원회에서 선출되며 'managing director' 개념의 전문 경영자로서 위원회의 결정에 따라 정책

을 집행한다. 이는 교육감 개인의 책임보다는 위원회의 집단적 책임과 견제가 강화되어, 직선제의 낮은 대표성 문제를 보완하고 민주적 정당성을 확보할 수 있다.
- 권한의 합리적 조정: 교육감의 권한이 합의제 위원회 내에서 조정되고 관리됨으로써 과도한 권한 집중 문제를 해결하고, 교육 정책의 일관성과 지속성을 확보할 수 있다.

시도자치교육위원회와 시·도청의 협력 강화 방안

교육위원회가 시·도청의 조직 중 하나로서 독립성을 가지면서도 시·도청과의 협력을 강화하는 방안은 다음과 같다.

① 조직 위상 변화를 통한 협력 촉진

교육위원회가 시·도청 '소속'이되 '산하기관'이나 '단순 부서'가 아닌 독립성을 가진 합의제 행정기관이라는 위상은 그 자체로 시·도 내 다른 부서들과의 소통과 협력을 원활하게 만들 것이다. 현재 교육청이 외부 기관처럼 인식되는 데서 오는 '거래 비용'이 크게 줄어들 수 있다. 호주 퀸즐랜드 주의 QCAA(Queensland Curriculum and Assessment Authority)는 주정부 교육부의 이사가 이사회에 참여하지만 의사를 좌우할 수 없는 'Statutory Authority' 성격을 가지며 독립성을 유지한다. 이러한 위상 덕분에 QCAA는 주 정부의 다른 부서들과 더 원활하게 협력할 수 있으며, 이는 교육위원회가 지향할 수 있는 모델이다.

② 자치경찰위원회 모델 준용을 통한 제도적 협력

- 협의·조정 의무의 명문화: 「국가경찰과 자치경찰의 조직 및 운영에 관한 법률」 제24조 제1항 제13호는 시도자치경찰위원회의 소관 사무로 "지방행정과 치안행정의 업무조정과 그 밖에 필요한 협의·조정"을 명시하고 있다. 이처럼 자치교육위원회도 일반행정과의 협의·조정 의무를 법제화하여, 돌봄, 학교 보건·안전, 학교 밖 청소년 지원 등 '복합 정책 영역'의 문제 해결을 위한 제도적 기반을 마련할 수 있다.
- 공동 기획 및 공동 예산 시스템: 시도자치경찰위원회의 예산이 시·도지사의 수립 및 시·도의회 의결을 거치는 것처럼, 자치교육위원회도 교육 관련 복합 사무에 대한 공동 기획 및 공동 예산 시스템을 구축하여 지방자치단체와 협력하고 통합적인 시너지를 창출할 수 있다. 이는 재정과 회계 간의 칸막이를 낮추는 계기가 될 수 있다.
- 인사 협의 및 전문성 강화: 시도자치경찰위원회가 시도경찰청장 임용 시 경찰청장과 협의하는 것처럼, 교육위원회의 주요 인사 결정 과정에서도 시·도지사 및 교육 전문가 집단과의 협의를 통해 인사의 전문성과 합리성을 제고할 수 있다. 물론 교육감은 그러할 필요는 없을 수 있다. 다만, 중앙정부와의 업무 협력의 필요성이 있기에 부교육감의 임명에 대한 근거와 절차는 필요할 수 있다.

③ 정책 통합 및 시너지 창출

교육위원회가 시·도청의 조직 내에 통합됨으로써, '아이는 한 명인데 지원은 여러 방향에서 따로 오는' 분절적인 정책 집행을 지양하고, 학교 복합 시설 활용이나 지역사회 연계 교육 프로그램 개발 등에서 일반행정과의 정책 통합 및 시너지를 더욱 원활하게 창출할 수 있을 것이다.

시도자치교육위원회 하의 학교 재산 및 소송 주체

합의제 행정위원회 도입은 학교 재산 및 소송 주체에 대한 불명확성을 해소하고, 효율적인 공공재산 관리를 가능하게 하는 계기가 될 수 있다. 과거 교육감에게 대표권한을 일부 인정했을 때 발생했던 문제를 사전에 예방하는 조치가 요구된다.

① 현재 구조의 문제점: 교육감의 법적 주체성

현재 「지방교육자치법」 제22조에 따라 교육감은 "교육·학예에 관한 사무에 대해" 교육청을 대표한다. 이에 따라 학교 재산 관련 소유권, 관리권, 소송의 주체는 교육감이 된다. 예를 들어 학교 교사(校舍)의 하자 소송, 학교 부지의 수용 보상 문제, 인접 건물과의 분쟁 등은 모두 교육감 명의로 수행된다. 그러나 이 구조에는 다음과 같은 문제가 있다.

- 법적 책임과 정책 결정의 불일치: 교육청은 학교 시설을 관리하지만, 시설 투자, 도시 계획, 기반 시설은 지방자치단체와 별도 구조로 움직인다. 예를 들어 학교 앞 통학로는 지자체 소관이고 학교 부지는 교육청 소관이라 통합 계획 수립이 어려운 식이다.
- 재산 활용의 제약: 학교 부지는 대부분 교육청 명의이므로, 지역사회 복합시설(예: 도서관, 체육관, 복지센터) 설치 시 협의 지연이나 협상 결렬이 발생할 수 있다. 특히 폐교 후 재산 활용 시, 교육청은 교육 목적 이외의 활용에 소극적이어서 주민 복리 실현 기회를 상실하게 한다.
- 재정의 분산과 비효율: 교육청의 시설 예산과 지방자치단체의 도시 계획 예산이 분리 운영되어 중복 투자 및 우선순위 불일치가 발생한다.

② 대안: 소유권과 법적 책임을 일반 지방자치단체로 이관

합의제 행정위원회 체제에서는 학교 부지 및 시설 재산을 교육청이 아닌 '지방자치단체' 명의로 귀속시키는 방안을 적극적으로 검토할 수 있다.

- 역할 분담의 명확화: 교육청은 교육과정, 교원, 학생 중심 정책에 집중하는 운영 기관의 역할을 하고, 지방자치단체는 학교 복합 시설 기획, 도시 계획, 재정 통합을 담당하는 소유·투자·시설 관리 기관으로 역할을 분담한다.
- 공공시설의 공유화: 학교 부지 및 시설이 지방자치단체 명의로 귀속되면 '학교 + 복지 + 체육 + 문화' 복합 공간 설계가 용이해진다. 학교 시설을 지역사회와 공유하여 도서관, 주차장, 복지관, 체육시설 등으로 복합시설

로 바꾸는 방향으로 전환할 수 있다.
- 소송 주체 및 법적 책임 일원화: 재산과 관련된 민사 책임은 소유권 주체인 지방자치단체로 명확화하고, 교육청은 교육적 사안에 집중하도록 한다.
- 교육적 사안의 소송: 시·도청의 법무팀에서 해결해도 된다. 단, 이 법무팀에 교육 전문가가 소속 직원으로 존재하거나, 교육 문제 전담 변호사를 두는 것도 필요하다.

우리는 묻는다. 학교는 누구의 공간인가? 아이들만의 공간인가, 아니면 지역 전체의 자산인가? 만약 후자라면, 그 공간의 소유와 책임 구조는 이제 다시 설계되어야 한다. 교육감은 단순한 재산 관리인에 불과하고, 실질적 소유권자는 지방자치단체와 지역 주민이다. 따라서 교육감이나 시·도지사는 재산권 행사의 방향을 지역 주민의 재산인 공공재산을 공적인 목적에 맞게 활용하는 것에 두어야 한다. 주민의 의사와 주민의 복리가 의사결정의 핵심이 되어야 한다.

질문 21.

교육청을 교육부 소속기관으로 바꾸는 방안은 어떠한가?

대한민국의 지방자치는 '단체자치'에 기반하며, 이는 국가와 지방자치단체 간, 그리고 지방자치단체 내 여러 기관 간의 '권한 배분'을 핵심적인 논의 대상으로 한다. 이러한 관점에서 본다면, 교육 사무에 대한 권한을 지방자치단체에 두지 않고 중앙에 두며, 지역에 교육청을 특별지방행정기관으로 설치하는 방안은 얼마든지 상정해 볼 수 있다. 교육청을 특별지방행정기관으로 회귀시키고, 대학교육과 평생교육까지 교육 사무의 권한을 재조정한다고 할 경우, 지금의 제도와는 다른 장점과 단점이 부각될 것이다.

교육 권한의 새로운 배분 방안

① 유·초·중등 교육

- 교육과정, 교원인사 등 교육 본연의 업무: 중앙정부 직속의 특별지방행정기관(교육청)에서 담당
- 교육의 내·외부 환경(학교 건물, 보건, 환경 관리, 통학로 등): 지방자치단체의 일반행정관서가 담당(중앙정부로부터 기관 위임)

② 대학교육

대학의 자율성을 존중하되, 지방자치단체장의 대학교육 지원과 협의권한 법제화

③ 평생교육

지방자치단체장 소관 사무로 일원화하며, 법령을 바탕으로 교육부와 협력하고, 특히, 다른 정부 부처(고용노동부, 문화체육관광부, 농림축산식품부 등)의 각종 인력개발 정책까지 통합하여 관장함으로써 성인과 노인의 교육훈련 시스템을 완비하는 것을 지향

④ 지방자치단체의 조례제정권

유·초·중등교육의 내·외부 환경, 대학교육 일부, 평생교육에

대해 지자체가 조례 제정권을 가지며, 유·초·중등 교육과정 등은 중앙정부가 담당.[29] 교육과정을 중앙정부가 관장하는 이유는 교육받을 권리의 핵심인 교육 내용 등을 균등화할 필요가 있기 때문

⑤ 재정

지방교육재정교부금은 폐지하고, 지방자치단체의 교부금에 교육에 대한 재정 지원을 포함하여 지원하는 '재정의 일원화'를 추진

특별지방행정기관으로 회귀 시의 장점 (긍정적 측면)

이러한 중앙집권적 회귀 및 명확한 권한 배분은 현재 지방교육자치 체제가 가진 여러 문제점을 해결하고 다음과 같은 장점을 가질 수 있다.

① 교육받을 권리의 균형적 보장

중앙 정부가 유·초·중등 교육의 핵심을 총괄함으로써, 지역이나 계층에 관계없이 모든 국민이 동등하고 균형 잡힌 교육 서비스를 받을 권리를 보장하는 데 유리하다. 교육 인프라나 교사의 질

---

[29] 기관위임사무는 원칙적으로 조례를 제정할 수 없으나, 개별 법령에서 명시적으로 위임하면 가능하다. 따라서 교육과정과 교원 등에 대해서 지방자치단체에게 조례 제정권을 부여하는 것이 필요한지는 개별 사무마다 서로 다를 수 있다.

등에서 발생하는 지역 간 격차를 줄이는 데 효과적일 수 있다.

② 대학교육의 지역 연계 강화 (자율성 존중 기반)

지자체장의 대학교육 지원과 협의권한을 인정하는 모델은, 대학의 자율성을 침해하지 않으면서도 지역 대학이 지역 발전에 기여하고 지역 사회와 더욱 밀접하게 연계될 수 있는 제도적 기반을 마련할 수 있다. 이는 과거 정부의 GLOCAL이나 RISE와 같이 지자체장이 대학을 통제할 수 있는 여지를 두는 방식과는 차별화된다.

③ 평생교육의 통합적 관리

평생교육이 지자체장 소관 사무로 명확히 설정되고, 나아가 지자체 행정관서로 일원화되며 다른 부처의 인력개발 정책까지 통합 관장하게 되면, 파편화된 평생교육 서비스를 넘어 지역 내 평생교육 시스템을 지자체가 주도하여 체계적으로 정비하고 주민 수요에 통합적으로 대응할 수 있게 된다. 이는 성인과 노인의 교육훈련 시스템을 완비하는 데 기여하게 된다. 그리고 다른 정부부처에서 수행하는 각종 성인과 노인 대상의 교육훈련사업도 총괄할 수 있게 된다. 평생교육에서 종합행정이 가능해지는 것이다.

④ 정책의 통일성 및 핵심 교육의 일관성 확보

유·초·중등 교육의 핵심인 교육과정과 교원인사를 중앙정부 직속 기관이 담당함으로써, 전국적으로 통일된 교육 정책을 수립하고 일관성 있게 집행할 수 있다. 이는 지역별 교육 격차를 줄이고 교육의 보편적 질을 확보하는 데 유리하다. 또한 교육청별로 지침이나 해석이 달라 발생하는 혼란과 갈등을 최소화할 수 있다.

⑤ 행정 효율성 증대 및 '거래 비용' 감소

- 복합 정책 영역 문제 해소: 교육의 내·외부 환경(학교 건물 신축 및 관리, 학교 보건, 환경 관리 등)을 지방자치단체의 일반행정관서가 담당하고 관련 조례 제정권까지 가짐으로써, 기존 교육자치와 일반자치의 이원화된 구조에서 발생했던 '복합 정책 영역'의 비효율성(높은 '거래 비용')을 근본적으로 해소할 수 있다. 학교 건물 건설, 보건·환경 관리 등은 지자체의 전문성과 효율성을 활용하게 된다.
- 시·도청과의 협력 고민 불필요: 교육 사무 중 핵심 부분이 국가 사무로 전환되므로, 시·도청 교육청 간의 협력 필요성이 근본적으로 사라져 행정 체계가 단순화된다.
- 도시계획의 일원화: 학교 시설 및 부지 관련 사무가 지자체 일반행정관서로 통합됨으로써, 학교의 건설, 확장, 재배치, 폐교 부지 활용 등이 도시의 전체적인 토지 이용 계획, 공공시설 배치, 주거 환경 조성 등 도시계획과 유기적으로 연계되어 일원화된 관점에서 추진될 수 있다. 이는 파편적인 개발을 막고 효율적인 도시 공간 활용을 가능하게 한다.

⑥ 재정의 일원화 및 효율성 강화

지방교육재정교부금이 폐지되고 지자체 교부금에 교육 재정 지원이 포함되어 재정이 일원화되면서, 교육 예산이 교육부의 일반 예산으로 편입되거나 지자체의 포괄적 예산으로 통합된다. 이는 예산 배분 및 집행의 투명성과 효율성을 높이고, 지방교육청의 '외형 부풀리기'나 비효율적인 시설 투자를 줄일 수 있다.

특별지방행정기관으로 회귀 시의 단점 (부정적 측면)

① 교육의 자주성 및 민주성 상실

- 헌법 가치 훼손: 교육의 자주성을 헌법이 보장함에도 불구하고, 유·초·중등 교육의 핵심(교육과정, 교원인사)이 중앙 정부의 직접 통제 아래 놓이게 되면서 교육 현장의 자율성과 다양성이 크게 위축될 수 있다. 지방교육자치의 핵심 이념 자체가 부정될 수 있다.
- 민주적 정당성 및 주민 참여 위축: 주민의 직접 투표로 교육 행정의 수장을 선출하는 권한이 사라지면서 교육 행정에 대한 주민의 직접적인 민주적 통제가 불가능해질 수 있다. 교육 정책 결정 과정에서 지역 주민과 학교 구성원의 목소리가 반영될 기회가 줄어든다.
- 풀뿌리 민주주의의 후퇴: 지방자치의 중요한 축인 교육 분야에서 풀뿌리 민주주의가 후퇴하고, 교육이 중앙의 통제 아래 놓이게 되는 결과를 낳게 된다. 중앙집권적이고 관료적인 교육 행정은 현장의 변화에 둔감하고, 의

사결정 과정이 복잡하여 신속한 대응이 어려울 수 있다. 학교 현장과의 거리감이 커질 우려도 있다.

② 전문성 약화 (현장 괴리)

- 중앙집권적 정책 수립은 현장의 다양한 목소리와 특수성을 반영하기 어렵고, 관료주의적 경직성으로 이어질 수 있다.
- 전국적으로 획일화된 교육과정과 교원인사 정책이 강요되면서, 각 지역의 고유한 사회·문화적 특성과 학생들의 다양한 요구에 맞는 맞춤형 교육을 제공하기 어려워질 수 있다. 이는 교육의 질적 향상을 저해할 수 있다.
- 지역 단위의 교육 혁신과 창의적인 시도들이 위축될 수 있다.

③ 정치적 중립성 침해 위험

- 교육부가 교육 행정의 최고 책임자가 됨으로써 중앙 정부나 집권 세력의 정치적 개입으로부터 교육이 자유롭기 어려워질 수 있다.
- 교육이 국가 정치의 도구로 활용될 위험이 커진다.

예상되는 문제점에 대한 보완 가능성

① 자주성

- 학교의 자율 보장: 자주성을 교육행정의 자치로 보지 않고, 학교의 자율

성으로 본다면 오히려 학교의 자율을 보장해주는 것이 오히려 교육의 자주성을 보장하는 방법이 될 수 있다. 교육 관련 법규에서 학교의 자율성을 명시적으로 보장하는 방향으로 개정한다면, 중앙 통제 하에서도 학교 운영 및 교육 활동의 자율성을 일정 부분 확보할 수 있다. 이는 유·초·중등 교육과정의 '맥락화(contextualisation)' 및 '맞춤화(customizing)' 권한을 당해 학교나 지역 교육지원청에 부여함으로써 가능하다.

- 주민자치 정신 구현: 교육의 내·외부 환경(학교 시설, 보건, 환경 등)을 지자체장이 담당하고 관련 조례 제정권을 가짐으로써, 이 영역에서는 주민의 직접적인 의견 반영과 참여를 통해 '주민자치의 정신'을 구현할 수 있다. 이는 교육 서비스가 주민의 삶과 밀접하게 연결되는 지점이다.

② 전문성

- 교육정책 및 교원: 교육정책 수립 및 교원인사 전문성은 중앙정부 직속 특별지방행정기관(교육청)에 집중되므로, 오히려 고도의 전문성을 확보할 수 있다. 중요한 것은 이 전문성이 현장과 괴리되지 않도록 교육지원청의 현장 지원 기능을 강화하고, 학교 및 지역사회와의 소통 채널을 상시적으로 운영하는 것이다.
- 현장 맞춤형 교육과정: 교육과정의 큰 틀은 중앙이 제시하되, 각 학교나 지역 교육지원청이 지역적 특성과 학생 수요에 맞춰 교육과정을 '맥락화'하고 '맞춤화'할 수 있는 권한을 법적으로 보장한다면, 획일화의 단점을 보완할 수 있다.

③ 정치적 중립성

- 교육과정 및 수업: 교육 관련 법규에서 교육과정 및 수업의 정치적 중립성을 명확히 규정하고 이를 침해하는 행위에 대한 강력한 제재 조항을 마련한다면, 중앙 통제하에서도 교육의 정치적 중립성을 지켜낼 수 있다. 이는 교원의 교육적 양심과 전문성을 존중하는 제도적 장치를 마련하는 것과도 연결된다.

적절성 평가: '정치적 합의와 결단'의 문제

특별지방행정기관 회귀 방안은 정책의 통일성, 행정 효율성, 재정 관리의 용이성, 교육받을 권리의 균형적 보장, 평생교육 시스템의 체계적 정비라는 측면에서 분명한 장점이 있다. 이는 현재 지방교육자치가 가진 복합적인 문제점들을 해결할 수 있는 '간단한' 해결책처럼 보일 수도 있다.

이러한 접근은 우리나라의 경우 지방자치가 선험적으로 존재하거나 민주주의의 필수적 요소라고 말하는 것이 '당위'는 아니며, 어떠한 형태의 교육행정시스템을 갖느냐 하는 것은 결국 그 시대적 상황에서의 정치적 합의와 결단의 문제라는 관점에서 볼 때 매우 합리적인 대안으로 검토될 수 있다.

국민 입장에서 본다면, 오히려 교육자치를 현재와 같이 이념 대

결과 비효율의 장으로 두기보다는, 명확한 책임과 효율적인 서비스 제공을 보장하는 중앙집권적 모델이 더 나을 수 있다는 주장도 설득력을 가질 수 있을 것이다. 대부분의 시민들이 교육감 선거에 무관심하고, 교육자치를 주장하는 사람들도 교육자치의 본질이 정치적 권력 획득이 아닐 것임을 고려하면, 중앙집권적 회귀가 반드시 민주주의의 후퇴라고만 볼 수는 없다는 시각도 가능해진다.

특히, 현재 가장 유력한 대안으로 논의되는 시·도지사 러닝메이트제는 교육감을 일반 정치의 영역에 직접적으로 종속시킬 위험이 있는 것에 비해[30], 이 모델은 교육의 핵심 영역(교육과정, 교원인사)을 중앙 정부의 전문적인 관리 아래 두어 교육 본질의 정치적 중립성을 확보하고, 국민의 교육받을 권리를 균형적으로 보장하며, 동시에 학교의 자율성과 주민 참여(환경, 평생교육 등)를 일정 부분 법제화함으로써 시·도지사 러닝메이트제보다 더 합리적인 대안이 될 수 있다. 이는 권한의 배분을 명확히 하고, 교육을 이념 대결이 아닌 전문성과 효율성의 영역으로 가져오려는 시도로 평가될 수 있는 것이다.

결론적으로, 이 모델은 행정 효율성과 국가적 교육 목표 달성에는 매우 유리하지만, 교육의 민주성과 현장 다양성을 확보하기 위해서는 제시된 보완 방안들이 매우 정교하게 법제화되고 실질적으

---

30 이는 김범주의 글에서도 알 수 있듯이, 미국에서도 주지사 임명이 1920년 8곳에서 1983년 27곳으로 늘었다가 다시 2020년 기준 19곳으로 줄어든 데에서도 알 수 있듯이 러닝메이트 방식이 교육의 자주성, 전문성, 정치적 중립성을 저해할 우려가 있는지 검토해야 한다는 것을 말해준다.

로 작동해야 할 것이다. 이러한 보완책이 없다면, 교육의 획일화와 관료주의적 경직성 심화라는 단점을 피하기 어려울 것이다.

질문 22.

자치교육위원회를 기초자치단체로까지 확대해야 하는가?

지금의 교육자치는 광역자치이다. 그렇다면 지금의 시도교육청을 자치교육위원회로 개편한다면 기초지자체에도 자치교육위원회를 두어야 하는지가 논의될 수 있다.

지방교육자치 단위 논쟁의 역사적 배경 (1991년 법률 제정 당시)

지방교육자치법이 처음 제정될 당시(1991년), 교육자치를 광역자치 단위에서만 실시할 것인가, 아니면 기초자치단체(시·군·구)에서도 실시할 것인가에 대한 첨예한 논쟁이 있었다. 당시 제13대 국회 문교체육위원회 심사보고서에 따르면, 정부와 집권당인 민자당은 교육자치를 시·도 단위의 광역자치에서만 실시하고 기초자치단체에서는 실시하지 않도록 주장했다. 반면, 야당이었던 평민당은 현행 교육법(당시)과 같이 광역 및 기초자치단체 모두에서 실시하도록 주장했다. 당시 정부안 등이 기초자치단체에서의 교육자치제 실시를 반대하고 광역자치 단위로 결정한 주된 이유는 다음과 같다.

① 막대한 추가 재정 수요

시·군·구 단위 교육자치를 실시하면 81개의 교육청과 260개의 교육위원회를 새로 설치해야 하며, 이에 필요한 예산이 당시 기준으로 약 2,883억 원, 연간 운영비가 약 965억 원 추가 소요될 것으로 추산되었다.

② 소규모 영세 교육청 발생

10개 미만 학교를 관장하는 교육청이 15개소, 1만 명 미만 학생을 관장하는 교육청도 40개소에 달할 것으로 예상되어, 행정의 비효율성을 우려했다.

③ 인사 교류의 경직성 및 폐쇄성

작은 단위의 교육청은 인사 교류가 경직되고 폐쇄적으로 운영되어 교직원들의 불만을 야기할 수 있다고 보았다.

④ 교육 여건의 지역 간 불균형 심화

소규모 교육청이 난립하면 지역 간 교육 여건 불균형이 심화될 수 있다고 보았다.

이에 반해, 기초자치단체에서의 교육자치를 옹호하는 측에서는 '풀뿌리 민주주의 이념에 따라 주민의 자치 역량을 배양하는 데 중요하고', '지방자치제도 형태와 보조를 같이하는 것이 자연스럽다'는 점을 주장했다. 그러나 재정 및 효율성 문제가 더 크게 고려되어 광역자치 단위로 결정된 바 있다. 당시 대안으로 '기초교육자치제만은 3~5인으로 구성되는 합의제 집행기구로 전환하는 방안'도 대안으로 고려될 수 있다[31]는 언급도 있었다.

자치교육위원회 모델하에서의 지방교육자치 단위

합의제 행정위원회 모델을 도입할 경우, 교육자치의 핵심 권한은 광역자치단체 소속의 교육위원회에 귀속된다. 이러한 모델 하에서 교육자치가 광역 차원에만 존재해야 하는지, 아니면 기초자치단체의 역할이 필요한지에 대한 논의는 다음과 같이 재검토될 수 있다.

---

31   심사보고서를 작성했던 당시 전문위원이 제시한 2개의 대안 중의 하나이다. 나머지 1개의 대안은 광역 및 기초교육자치제의 시차적 실시방안이었다.

① 광역자치 중심의 타당성 (교육위원회의 핵심 역할)

- 교육 본연의 사무 총괄: 교육과정의 일관성, 교원 인사 및 수급의 균형, 대규모 교육 인프라 투자 등 전국적 또는 광역적 관점에서 통일성과 전문성이 요구되는 사무(예: 유·초·중등 교육의 교육과정 및 교원인사)는 광역교육위원회(및 그 하부 조직)가 담당하는 것이 타당하다. 이는 교육의 보편적 질을 확보하고 지역 간 교육 격차를 줄이는 데 유리하다.
- 재정 및 행정 효율성 확보: 1991년 당시 광역자치를 선택했던 주요 이유인 '막대한 추가 재정 수요'와 '소규모 영세 교육청 발생' 문제를 해결하고, '인사 교류의 경직성'을 완화할 수 있다. 중앙의 재정 일원화 및 광역자치단체로의 교부 방식이 적용되면 재정적 안정성과 효율성을 확보할 수 있다.

② 기초자치단체의 역할 필요성 및 강화 방안

그러나 광역자치 중심의 교육위원회 모델이라 할지라도, 교육의 현장성과 주민 밀착도를 높이기 위해 기초자치단체(특히 독립성이 강한 시와 군)의 역할은 필수적이다.

- 교육의 '내·외부 환경' 담당: 학교 시설 관리, 통학로 안전, 학교 주변 환경 정비, 학교 건물 신축 및 보건·환경 관리 등 교육의 '내·외부 환경'과 밀접하게 관련된 사무는 기초자치단체(시·군)의 일반행정관서가 담당하는 것이 더욱 효율적이고 주민의 수요를 잘 반영할 수 있다. 이는 중앙정부 또는 광역지자체의 자치교육위원회로부터의 기관 위임을 통해 이루어질 수 있다.

- 주민 밀착형 평생교육 및 대학교육 연계: 지역 주민을 위한 평생교육은 기초자치단체장 소관 사무로 일원화하고, 대학교육에 대한 지자체장의 지원 및 협의 권한은 광역지자체와 기초지자체 모두에 법제화함으로써 주민자치의 정신을 구현할 수 있다.
- 현장 중심의 '맥락화' 및 '맞춤화' 권한: 유·초·중등 교육과정의 큰 틀은 중앙이 제시하되, 각 학교나 지역 교육지원청이 지역적 특성과 학생 수요에 맞춰 교육과정을 '맥락화'하고 '맞춤화'할 수 있는 권한을 법적으로 보장한다면, 획일화의 단점을 보완하고 주민 참여를 유도할 수 있다. 이는 1991년 당시 '풀뿌리 민주주의'를 위해 기초자치를 옹호했던 논거를 부분적으로 수용하는 것이다.

정리하면,

합의제 행정위원회 모델 하에서의 지방교육자치는 광역자치 차원에서 교육의 핵심 기능(교육과정, 교원인사 등)을 총괄하되, 기초자치단체가 교육의 '내·외부 환경' 및 지역 기반 평생교육 등 주민 밀착형 교육 서비스를 담당하는 이원적 협력 체계로 존재하는 것이 바람직하다. 이는 1991년 당시 광역자치 결정의 주요 이유였던 재정 및 효율성 문제를 해결하면서도, 기초자치의 '풀뿌리 민주주의'와 현장 밀착성을 확보하는 균형 잡힌 모델이 될 수 있다. 이는 1991년 심사보고서에서 언급된 '기초교육자치제를 3~5인 합의제 집행기구로 전환하는 방안'과도 맥을 같이하는 현대적 재해석이라고 볼 수 있다.

질문 23.

그렇다면 시도자치교육위원회가 해야 할 주된 기능은?

시도자치교육위원회(기존 시도교육청)가 나아가야 할 길은 명확하다. 지방교육자치의 실패를 극복하고 진정한 자치교육을 구현하기 위해, 그 핵심 기능은 교육 본연의 전문성 강화와 학교 현장 지원에 집중되어야 한다. 이는 교육감 중심의 행정에서 벗어나, 교육의 질을 실질적으로 높이는 데 기여하는 '자치교육의 삼두마차론'[32]으로 집약된다.

---

32 이 삼두마차론은 필자가 공직을 처음 시작했던 1990년대 중반에 ㅁㅁ교육청에서 근무할 때부터 이미 가진 생각이다. 그동안 비공식적으로 이 삼두마차론이 지방교육자치의 본질이라고 이야기를 한 적이 있지만, 공식적으로 제 생각을 글의 형태로 밝히는 것은 처음이다. 그때부터 '어린이회관-학생회관', '어린이수영장-학생수영장' 등이 별도로 존재하는 것도 문제라고 생각했다.

교육과정 및 교수학습 전문성 강화 (교육연구원의 핵심 역할)

시도자치교육위원회의 최우선 핵심 기능은 교육과정의 구체화와 교수학습 전문성 개발이다. 이를 담당할 핵심 기관은 바로 교육연구원이다. 교육연구원은 다음과 같은 역할을 수행해야 한다.

① 교육과정의 구체화

국가 교육과정의 큰 틀 안에서 지역 특성과 학생들의 역량 수준을 고려하여 학교급별, 교과별 교육과정을 더욱 풍부하고 구체적으로 설계해야 합니다.

② 교수학습자료 및 모델 개발

시대의 변화와 학생들의 학습 특성에 맞는 다양한 교수학습자료를 개발하고, 혁신적인 교수학습 모델을 연구하여 학교 현장에 제공해야 합니다.

③ 평가 도구 개발 및 지원

학생들의 성장을 다각도로 측정하고 기록할 수 있는 평가 도구를 개발하고, 평가 결과를 교육과정 개선에 활용할 수 있도록 지원해야 합니다. 그리고 이러한 평가 결과를 reporting하는 방안 역시 연구되어야 한다.

④ 연구 전문직의 재정립

현재 엉뚱한 업무에 매몰된 연구관, 연구사 등 전문직 인력이 교육과정, 교수학습, 평가 연구 개발에 전념할 수 있도록 역할과 조직을 재정비해야 한다.

이러한 교육연구원의 활동을 통해 학교는 양질의 교육 콘텐츠와 방법을 확보하고, 교사는 교수 역량을 극대화할 수 있다. 그리고 교육과정이야말로 법령에 위배되지 않는 한 자율을 누릴 수 있는 분야이기에 교육청의 자치 역량을 적극적으로 보여줄 수 있는 영역이기도 하다. 상대적으로 다른 분야는 법령의 범위 내에서 일을 해야 하는 소극성이 존재한다.

교원 역량 개발 및 전문성 신장 (교육연수원의 핵심 역할)

두 번째 핵심 기능은 교원의 역량 개발이다. 교육연구원에서 개발된 연구 결과물들이 실제 교육 현장에서 효과적으로 활용되기 위해서는 교사들의 전문성 향상이 필수적이기 때문이다. 이를 담당할 핵심 기관은 바로 교육연수원이다.

- 국가 차원의 역량 모델링 및 직무 체계 확립: 교원의 전문성 개발이 체계적으로 이루어지기 위해서는 국가 차원에서 교원의 역량 모델링과 직무 체계가 명확하게 정립되어야 한다. 이를 바탕으로 실질적인 전문성 개발

로드맵을 구축할 수 있기 때문이다.
- 맞춤형 전문성 개발: 학교급별, 교과별, 그리고 교원 개개인의 역량 수준에 따른 차별화된 전문성 개발 프로그램을 제공하여 모든 교사가 지속적으로 성장할 수 있도록 지원해야 한다.
- 직원의 역량 개발 지원: 교원 외 교육 행정 직원의 역량 개발도 중요하나, 교육연수원의 최우선 순위는 교육의 본질인 '가르치는 일'의 질을 높이는 교원 역량 강화에 두어야 한다. 물론 상담과 행정역량도 중요하다.

교육연수원은 교사들이 최신 교육 연구와 교수법을 습득하고, 현장의 변화에 유연하게 대응할 수 있는 역량을 갖추도록 하는 핵심적인 역할을 수행해야 한다.

학교 현장 지원 및 일반자치와의 연계 (자치교육위원회의 총괄 기능)

시도자치교육위원회는 교육연구원과 교육연수원이 제 역할을 다할 수 있도록 지원하며, 이를 학교 현장에 효과적으로 접목시키는 총괄적인 역할을 수행해야 한다.

- 전문적 장학 활동 강화: 과거의 통제 위주 장학 활동에서 벗어나, 교육연구원과 교육연수원의 결과물을 학교 현장에 전파하고 교사들의 실제 수업을 지원하는 데 집중하는 전문적 장학 활동이 핵심이 되어야 한다. 이를 통해 전문직(장학관, 장학사)의 역할도 재정립된다.
- 광역 지자체 및 유관 기관 협력: 지역 내 교대, 사범대, 관련 단과대학 등

과의 협력을 통해 교육연구 및 교원 연수 역량을 극대화해야 한다. 물론 학생의 현장학습 지원시스템도 구축해야 한다.
- 시·도청과의 정책 협력 강화: 시도 교육청은 매주 1회 이상 시도청과 주기적인 정책 협력을 통해 학교 내·외부 환경이 안전하고 쾌적해지며, 학생들의 학교 안팎 생활의 질이 높아지도록 하는 마중물 역할을 해야 한다. 이는 학교 급식, 보건, 시설 관리, 돌봄, 안전 등 복합적인 정책 영역에서 일반 자치기관과의 효율적인 연계를 통해 시너지를 창출하는 핵심 고리가 된다.

이처럼 시도자치교육위원회의 기능이 교육과 교원이라는 본질에 집중하고, 주변 영역을 일반자치와 유기적으로 연계하며, 교육연구원과 교육연수원이라는 '삼두마차'가 중심이 된다면, 진정한 자치교육의 틀이 완벽하게 구축될 수 있을 것이다.

필자의 '교육연구원 - 교육연수원 - 시도자치교육위원회'의 명확한 기능 분담과 협력 모델을 제시하는 것은 매우 구체적이면서도 혁신적인 제안이다. 논란이 존재하겠지만, 반드시 공론화할 가치가 충분하다. 이 삼두마차론의 갖는 의미는 다음과 같다.

- 기존 체계에 대한 과감한 재편: 단순히 교육감 선출 방식이나 위원회 형태를 바꾸는 것을 넘어, 교육청의 핵심 기능과 조직 자체를 교육의 본질에 맞게 완전히 재편하자는 주장이다. 교육계는 물론 행정 전문가들에게도 큰 화두가 될 것이다.
- 실질적인 '학교 중심' 자치교육 구현: 많은 사람들이 말하는 '학교 자율

성'을 단순한 구호가 아닌, 교육연구원과 연수원이 제공하는 전문적인 콘텐츠와 역량 강화 시스템을 통해 뒷받침하겠다는 구체적인 방안을 제시하고 있다. 이는 학교 현장의 갈증을 해소할 수 있는 실질적인 대안으로 비춰질 수 있다.

- 전문직 역할 재정립: 현재 역할이 모호하거나 비효율적이라는 비판을 받는 연구직, 장학직 전문직들의 역할을 교육 본연의 기능에 집중시켜 재정의하자는 주장은 해당 직역에도 큰 반향을 일으킬 것이다. 이 역시 필자의 오랜 지론이 직무중심 사회와 관련이 깊다.
- 일반행정과의 연계 강조: 자치교육위원회가 '마중물' 역할을 하며 시도청과 긴밀히 협력해 복합 영역을 해결하자는 주장은 기존의 고립된 교육행정의 틀을 깨는 새로운 시도로 평가될 것이다.

질문 24.

시·도청과 시도자치교육위원회의 관계는?

대한민국의 지방자치는 광역단위에서 이중 권력 구조로 운영되고 있다.

시·도지사는 일반자치단체의 수장으로서 지방 전체의 행정을 총괄하고, 교육감은 교육자치기관의 수장으로서 교육·학예 사무를 단독 책임진다.

문제는 이 두 기관이 서로 별개로 구성되고, 별개로 선출되며, 별개로 예산을 편성한다는 점이다.

합의제 행정위원회 모델은 제4부에서 설명한 다양한 문제점을 해결하기 위해 시·도청의 한 부서로서 교육위원회를 두는 방안이다.

협력 관계의 강화

① 정책 통합 및 연계

자치교육위원회가 시·도의 한 부서가 됨으로써 교육 정책이 지역의 전반적인 발전 계획(도시계획, 아동과 청소년 정책, 보건과 복지 등)과 유기적으로 연계될 수 있다. 예를 들어, 학교 부지 활용, 학교 시설 복합화, 통학로 안전 등은 도시계획 및 지역 개발 정책과 통합적으로 고려될 수 있다.

② 예산의 효율적 배분

교육 예산(지방교육재정교부금의 지자체 통합 교부 전제)이 시·도청의 전체 예산과 함께 논의되고 배분됨으로써, 지역의 우선순위에 따라 교육 분야에 대한 투자를 전략적으로 결정할 수 있다. '교육-행정 통합 예산 제도'를 도입하여 복합 행정 사무에 대한 예산을 공동 기획, 편성, 평가할 수 있다.

③ 책임성 강화

자치교육위원회가 시·도지사에게 정례적으로 보고하고, 협조를 요청하며, 시·도의회로부터 예산 승인 및 감사를 받음으로써 교육 행정의 책임성과 투명성이 강화된다.

독립적 수행 및 견제 관계의 재정립

① 합의제 기관으로서의 독립성

교육위원회는 시·도지사 소속이지만, 합의제 기관으로서 교육 관련 전문성을 바탕으로 정책을 심의·의결하고 집행하는 과정에서 독립적인 의사 결정을 수행할 수 있다. 이는 위원회의 구성(교육 전문가, 시민 대표 등)과 운영 방식(합의를 통한 의결)을 통해 보장된다. 시·도지사는 교육위원회의 결정을 존중하고, 위원회는 교육 본연의 가치와 전문성을 지키며 소관 사무를 독립적으로 수행한다.

- 구성의 독립성: 교육위원회의 이사회 구조에서 시·도지사의 직접적인 위원 추천권을 1명 정도로 제한하여, 지자체장의 과도한 영향력 행사를 방지한다. 위원회 구성은 교육 전문가, 시민 대표, 학부모, 교원 등 다양한 이해관계자의 균형 잡힌 참여를 통해 이루어져야 한다. 이는 자치경찰위원회가 다양한 주체의 추천으로 구성되는 것과 유사한 개념이다.
- 의사결정 구조의 독립성 보장: 위원회의 의사결정은 합의를 통해 이루어지며, 주요 정책 결정(예: 교육과정의 큰 틀, 주요 교원 인사 원칙, 대규모 재정 배분 방안 등)에 대해서는 단순 과반수 찬성이 아닌 2/3 이상의 가중된 찬성 요건을 두어 충분한 숙의와 합리적인 합의를 유도하고 외부의 압력에 흔들리지 않도록 한다.
- 운영 규정의 자율성: 위원회는 자체적인 내부 운영 규정 및 절차를 마련하여, 교육 관련 전문성을 바탕으로 독립적인 의사 결정을 수행할 수 있는 제도적 장치를 갖춘다.

② 의회의 견제

시·도의회는 자치교육위원회의 예산 및 정책에 대해 심의·의결하고 감사할 수 있는 강력한 견제권한을 가진다. 이는 교육 행정의 독단화를 방지하고 주민 대표성을 확보하는 중요한 장치이다.

③ 시민 사회의 감시

자치교육위원회의 구성 과정에 시민 사회 대표를 참여시키거나, 교육 정책 결정 과정에 주민 의견 수렴 절차를 의무화함으로써 시민 사회의 감시와 견제를 제도화할 수 있다.

④ 전문성 기반의 견제

자치교육위원회 내·외부의 교육 전문가들이 정책의 전문성과 타당성을 검토하고, 필요한 경우 비판적인 의견을 제시함으로써 내부적인 견제 기능을 수행할 수 있다.

정리하면,

합의제 행정위원회 모델은 시·도지사 소속하에 자치교육위원회를 둠으로써 수직적 통합을 통한 협력 강화를 지향하면서도, 합의제 기관으로서의 독립적인 사무 수행 능력을 보장하고 시·도의회와 시민 사회의 수평적 견제를 통해 교육 행정의 민주성과 책임성을 확보하는 것을 목표로 한다. 이는 기존의 이원화된 갈등 구조를 해소하고 교육과 일반행정 간의 시너지를 극대화하며, 동시에 교육의 전문성과 자주성을 지켜낼 수 있는 방안이 된다.

질문 25.

기초지자체와 시도자치교육위원회의 관계는?

시도자치교육위원회 모델을 도입하더라도, 교육 행정의 기본 틀은 여전히 광역자치 차원에서 유지된다. 이러한 상황에서 기초지자체와의 행정 협력을 어떻게 강화하고, 주민 생활과 밀접한 기초지자체의 교육 관련 요구를 어떻게 효과적으로 수렴할 것인가는 매우 중요한 과제가 된다.

현행 제도의 문제점 (기초지자체 관점에서)

현재 교육청(광역 교육청의 하급 기관인 교육지원청 포함)은 기초지자체와 별개의 조직으로 존재하며, 학교 시설 관리, 급식, 돌봄 등 주민 생활과 밀접한 교육 관련 사무에서 다음과 같은 문제점을 안고 있다.

① 교육지원청 교육장의 협의 대상 부적합성

현행 체제에서 기초지방자치단체장은 지역 내 교육 현안 발생 시 교육지원청의 교육장과 협의를 시도한다. 그러나 교육지원청 교육장은 광역 교육감으로부터 위임받은 사무를 처리하는 집행기관으로서 결정권이 없는 경우가 많다. 따라서 매번 교육지원청을 거쳐 광역 교육위원회(또는 현행 도교육청)와 협의해야 하는 비효율을 초래하여 신속하고 효과적인 문제 해결을 어렵게 한다.

② 통합 교육지원청으로 인한 협의의 어려움

일부 기초지자체(시·군·구)의 경우에는 해당 지역에 교육지원청이 독립적으로 있지 않고, 여러 지역을 관할하는 '통합 교육지원청'을 상대로 협의해야 한다. 이는 해당 기초지자체의 특수한 상황이나 긴급한 요구를 통합 교육지원청이 충분히 이해하고 반영하기 어렵게 만들어 협의 과정 자체를 더욱 복잡하고 비효율적으로 만든다.

이러한 문제들은 주민 불편을 초래하고 행정 비효율을 야기하며, 교육 행정의 '탁상공론'이라는 비판을 강화하게 된다. 그렇다고 기초지자체별로 자치교육위원회를 두는 것도 답은 아니다.

합의제 행정위원회 모델하에서의 역할 분담 및 협력 모델

합의제 행정위원회 모델 하에서, 광역 교육위원회(교육청)와 기초 지방자치단체 간의 역할 분담과 협력은 교육의 본질을 지키면서 현장 밀착도를 높이는 방향으로 구축될 수 있다.

① 역할 분담의 명확화

- 교육청(광역 자치교육위원회 하부 조직): 교육과정 운영, 교원 인사 및 배치, 학사 관리 등 교육 본연의 핵심 사무에 집중한다. 이는 교육의 전문성과 일관성을 유지하는 데 필수적이다.
- 기초지방자치단체: 학교 건물 신축 및 유지 보수, 학교 급식 위생 관리, 통학로 안전 확보, 학교 주변 유해 환경 정화, 학교 복합 시설 건립 및 운영, 지역 주민을 위한 평생교육 프로그램 기획 및 운영 등 교육의 '내·외부 환경' 및 지역 기반 교육 서비스를 담당하게 된다. 이 사무들은 광역 자치교육위원회로부터 기관위임의 형태로 수행될 수 있다. 일반적으로 기관위임사무의 본질적인 내용, 범위, 기준 등에 대한 조례는 위임자(예: 광역자치단체)가 제정하지만, 수임자(受任者)는 위임된 사무를 집행하는 기관으로서, 위임자가 정한 법령이나 조례의 범위 내에서 해당 사무의 집행에 필요한 세부적인 사항, 절차, 형식 등을 조례(혹은 규칙)로 정할 수 있기에, 집행의 효율성이나 지역 특수성을 반영할 수 있도록 조례 제정권을 인정할 필요가 있다.

② 협력 모델의 구축

- 통합 예산 및 사업 기획: 학교 복합 시설, 돌봄 서비스, 진로직업교육 등 교육과 일반행정이 중첩되는 사업에 대해서는 기초지자체와 교육청(또는 교육지원청)이 공동으로 예산을 기획하고 사업을 추진하는 '교육-행정 통합 예산 제도'를 기초 단위까지 확대 적용한다.
- 협의체 구성 및 교육장의 권한 강화: 기초지방자치단체장과 지역 교육지원청장(또는 광역 자치교육위원회 위임 사무 담당자)이 정기적인 협의체를 구성하여 지역 교육 현안을 논의하고 공동의 해결 방안을 모색한다. 이때, 교육지원청 교육장에게는 해당 지역의 교육 현안에 대한 실질적인 협의 및 조정 권한을 강화하여 불필요하게 광역 자치교육위원회까지 논의를 가져가지 않아도 되는 수준의 권한을 부여해야 한다.
- 정보 공유 및 데이터 연계: 학생 인구 변화, 지역 사회 자원, 주민 교육 수요 등에 대한 정보를 상호 공유하고 데이터를 연계하여 효율적인 정책 수립 및 집행을 지원한다.
- 평생교육의 지자체 일원화: 평생교육은 기초지자체장이 총괄하는 사무로 명확히 하고, 교육부 및 다른 부처(고용노동부 등)의 관련 정책과 예산을 기초지자체가 통합하여 집행함으로써 지역 주민의 생애 주기별 교육 수요에 종합적으로 대응하는 시스템을 구축한다. 이는 현재 평생교육이 여러 부처에 분산되어 비효율적으로 운영되는 문제를 해결할 수 있다.

정리하면,

합의제 행정위원회 모델 하에서 기초지방자치단체와 자치교육위원회 간의 역할 분담은 교육의 본질과 환경을 분리하여 전문성과 효율성을 높이는 방향으로 이루어져야 한다. 특히 기관위임사무의 형태를 취하게 될 경우, 기관위임사무의 궁극적 책임(ultimate responsibility)은 위임자인 광역 자치교육위원회에게 있지만, 그렇다고 해서 기초지자체의 집행 책임(administrative responsibility) 또한 무시할 수 없다. 기초지자체는 위임의 취지에 맞게 성실하게 집행할 행정적·실무적 책임이 있다. 또한, 위임된 사무 수행에 필요한 경비는 사무를 위임한 광역자치단체에서 충분히 지원되어야 한다.

이와 같은 토대 위에서 교육지원청 교육장의 실질적 협의 권한을 강화하고 기초지자체의 교육 관련 요구를 직접 수렴할 수 있는 채널을 제도화함으로써, 기초지자체는 주민 밀착형 교육 서비스의 중심이 되고, 교육청은 교육 본연의 역할에 집중하며, 양 기관이 긴밀히 협력하여 지역 주민의 교육 만족도를 높이는 시너지를 창출할 수 있을 것이다.

질문 26.

교육부, 국가교육위원회와의 관계는 어떻게 되는가?

지금의 교육청과 직선 교육감 제도를 폐지하고, 시·도지사 소속하에 교육 관련 전문성을 갖춘 합의제 행정위원회(자치교육위원회)를 두어 교육 정책을 심의·의결하고 집행하는 방식이다. 이를 통해 교육과 일반행정 간의 연계를 강화하고, 책임성을 명확히 하며, 동시에 교육의 전문성과 자주성을 확보하려는 목적을 가진다. 하지만 동시에 중앙정부와의 관계 역시 함께 검토되어야 한다.

역할 재정립의 기본 원칙

중앙(교육부, 국가교육위원회)과 지방(자치교육위원회, 지방자치단체)의 교육행정 관계를 정립하는 데 있어 다음 법률적 원칙과 가치들이 중요한 기준이 되어야 한다.

① **사무 배분의 기본 원칙 (「지방자치법」 제11조 기반)**

- 중복 배제 및 종합적 · 자율적 수행: 국가는 지방자치단체가 사무를 종합적 · 자율적으로 수행할 수 있도록 국가와 지방자치단체 간 또는 지방자치단체 상호 간의 사무를 주민의 편익 증진, 집행의 효과 등을 고려하여 서로 중복되지 아니하도록 배분해야 한다.
- 근접성의 원칙: 지역주민생활과 밀접한 관련이 있는 사무는 원칙적으로 시 · 군 및 자치구의 사무로, 시 · 군 및 자치구가 처리하기 어려운 사무는 시 · 도의 사무로, 시 · 도가 처리하기 어려운 사무는 국가의 사무로 각각 배분해야 한다.
- 포괄적 배분: 사무를 배분받거나 재(再)배분받는 지방자치단체가 그 사무를 자기의 책임 하에 종합적으로 처리할 수 있도록 관련 사무를 포괄적으로 배분해야 한다.

② **국가 사무의 처리 제한 원칙 (「지방자치법」 제15조 기반)**

- 외교, 국방, 사법, 국세 등 국가의 존립에 필요한 사무
- 물가정책, 금융정책 등 전국적으로 통일적 처리가 필요한 사무
- 국가종합경제개발계획, 국가하천 등 전국적 규모의 사무
- 근로기준, 측량단위 등 전국적으로 기준을 통일하고 조정해야 할 필요가 있는 사무
- 고도의 기술이 필요한 검사 · 시험 · 연구, 항공관리, 기상행정, 원자력개발 등 지방자치단체의 기술과 재정능력으로 감당하기 어려운 사무

지방자치단체는 위에 열거된 국가 사무를 원칙적으로 처리할 수 없다. 이는 교육 분야에서도 국가가 관장해야 할 사무의 한계를 설정하는 기준이 된다. 따라서 명시적으로 정리된 바는 없지만, 전국적으로 통일적 처리가 필요한 교육 사무, 교육 관련 주요 기본계획, 전국적으로 기준을 통일하고 조정해야 할 사무(예: 재정배분 기준, 교원 정원 기준 등), 지자체의 기술과 재정 능력으로 감당하기 어려운 교육 사무는 국가가 처리해야 할 것이다. 국가와 지자체가 범위를 명확히 하는 노력을 정례적으로 할 필요가 있다. 그래야 권한쟁의 소송이 발생하지 않는다.

③ 헌법적 가치 및 지방자치의 목적과의 조화

- 위에서 제시된 사무 배분 원칙은 헌법 제31조 제4항이 보장하는 교육의 자주성·전문성·정치적 중립성이라는 교육 고유의 가치를 침해하지 않는 범위 내에서 이루어져야 한다.
- 나아가, 지방자치의 본래 목적인 주민의 복리 증진, 지방자치행정의 민주성과 능률성 보장, 지역의 균형 발전을 균형적으로 고려하여 교육 행정 시스템을 설계해야 한다.

이러한 원칙들을 바탕으로 교육부, 국가교육위원회, 그리고 시도자치교육위원회 간의 관계를 재정립하고 국가적 교육 비전과 지방교육자치의 균형점을 모색할 필요가 있다.

교육부와의 관계 정립 (집행 및 지원 관계)

① 국가의 총괄적 역할

교육부는 국가적 교육 비전을 수립하고, 유·초·중등 교육과정의 기본 틀 제시, 교원 양성 및 수급의 총괄적 관리, 국가 교육 통계 및 연구 등 '교육 정책의 큰 방향'과 '최소한의 공통 기준'을 제시하는 역할을 수행해야 한다. 또한, 국민의 교육받을 권리가 지자체별로 차별적으로 보장되지 않도록 하는 전략 수립 역시 국가의 매우 중요한 역할이다. 이러한 사항들이 정리되어 교육 관련 법제에 규정되어야 한다.

② 시도자치교육위원회의 자율적 집행

자치교육위원회는 교육부의 큰 틀과 기준 내에서 지역의 특수성을 반영하여 교육 정책을 집행한다. 관련하여 유·초·중등 교육의 내·외부 환경(학교 건물, 보건, 환경 관리, 통학로 등)과 대학교육 일부, 평생교육 등에 대해 법령에서 위임하거나 집행을 위해 필요한 사항에 대해 지자체가 조례 제정권을 가짐으로써, 중앙의 큰 틀 안에서 지역 특수성을 살린 자율적인 정책 집행이 가능할 수 있도록 해야 한다.

③ 지도·감독의 범위 명확화

교육부의 지방 자치교육위원회에 대한 지도·감독은 법령 위반 등 최소한의 범위에 국한되어야 한다. 불필요한 간섭(예: 재정지원사업의 bidding 강요)을 지양함으로써 지방교육자치의 자주성을 존중해야 한다. 특히 특별교부금 제도는 폐지하고, 중앙정부가 원하는 사업이나 정책이 있을 경우에는 일반회계 예산으로 확보해야 한다. 일반회계 지원을 막아 온 재정당국의 용단(勇斷)이 요구된다.

④ 재정 협의 및 책임

재정 일원화 모델(지방교육재정교부금을 폐지하고 지자체 교부금에 교육 재정 지원을 포함) 하에서, 교육부는 국가 재정의 범위 내에서 지방 교육에 대한 재정 지원 규모와 원칙을 정하고, 교육위원회는 이 예산을 책임성 있게 집행해야 한다.

국가교육위원회와의 관계 정립 (비전 및 숙의 협력)

국가교육위원회는 「국가교육위원회법」에 따라 중장기적인 국가 교육 비전을 수립하고 사회적 합의를 도출하기 위해 설립된 합의제 기구이다. 또한, 국가교육과정의 기준과 내용의 고시 권한도 있다. 따라서 국가교육위의 이 권한과 광역지자체의 교육위원회와의 관계를 명확히 하는 것이 필요하다.

① 장기적 비전 제시

국가교육위원회는 정치적 중립성을 바탕으로 교육의 10년, 20년 앞을 내다보는 장기적인 국가 교육 비전과 교육과정의 큰 방향을 제시한다. 이는 정권 교체와 무관하게 교육 정책의 일관성과 지속성을 확보하는 데 기여하게 될 것이다.[33]

② 지방 자치교육위원회의 비전 공유 및 의견 개진

지방 자치교육위원회는 국가교육위원회가 제시하는 비전을 공유하고, 이 비전이 지역 현장에서 구현되는 과정에서 발생하는 의견이나 필요한 정책적 건의를 국가교육위원회에 제출한다. 이는 상향식(Bottom-up) 의견 수렴을 통해 국가 비전의 현실 적합성을 높이는 역할을 하게 될 것이다.

③ 갈등 조정 및 합의 형성

국가교육위원회는 교육부와 지방 자치교육위원회, 그리고 다양한 교육 이해관계자(교원, 학생, 학부모, 시민사회 등) 간의 의견을 수렴하고, 교육 현안에 대한 사회적 합의를 형성하는 숙의의 장으로서 기능한다. 교육부, 지방 자치교육위원회와의 정례 협의체 구성과 운

---

[33] 교육과정 기능은 한국교육과정평가원을 정부출연연구기관에서 공법인 등으로 전환하고, 인력을 보강하여 담당하도록 하는 것이 필요하다. 구체적인 내용은 필자의 Essay 「대중요법으로 망가지는 대한민국 교육」을 참조하기 바란다.

영도 필요하다. 이는 교육 정책이 이념 대결로 흐르는 것을 방지하고, 합리적인 대안을 모색하는 데 기여하게 될 것이다.

국가적 교육 비전과 지방교육자치의 균형점

국가적 교육 비전과 지방교육자치의 바람직한 균형점은 다음 세 가지 축을 통해 모색할 수 있다.

① 핵심과 환경의 분리 및 협력

- 핵심 교육은 국가 총괄: 유·초·중등 교육의 '교육과정'과 '교원인사' 등 교육 본연의 핵심 사무는 국가가 총괄하여 국가적 교육 비전과 통일성을 확보한다. 그리고 국민의 교육받을 권리와 학습권 보장, 학습복지사회 구현 등에 대해 일차적 책임을 진다.
- 현장·환경은 지자체 책임: 학교의 '내·외부 환경'과 '평생교육', '대학교육' 지원은 지방자치단체(일반행정관서 주도, 자치교육위원회 협조)가 책임지며, 조례 제정권을 통해 지역 특수성을 반영하고 주민 참여를 보장한다. 이는 '교육받을 권리의 균형적 보장'과 '평생교육의 통합적 관리'를 가능하게 한다.

② 수직적 협력과 수평적 자율

- 중앙(교육부, 국가교육위원회)은 큰 틀의 비전과 최소 기준을 제시하고, 지

방(자치교육위원회, 지자체 일반행정관서)은 그 틀 안에서 지역 특수성을 반영한 자율적 정책을 수립하고 집행한다.
- 중앙은 지방의 교육 행정을 지원하고 필요한 정보를 제공하며, 지방은 중앙의 정책 방향을 존중하고 지역 현장의 피드백을 전달하는 상호 보완적 관계를 형성한다.

③ 다층적 참여와 숙의

- 정책 수립 과정에서 국가교육위원회는 다양한 이해관계자의 참여를 통해 합의를 형성하고, 지방 자치교육위원회는 지역 주민의 의견을 수렴하여 이를 중앙에 전달하고, 지방 정책에 반영한다.
- 학교는 교육과정 '맥락화' 및 '맞춤화' 권한을 통해 현장 중심의 교육 자율성을 확보한다.

이러한 모델은 우리나라의 경우 지방자치가 선험적으로 존재하거나 민주주의의 필수적 요소라고 말하는 것이 '당위'는 아니며, 어떠한 형태의 교육행정시스템을 갖느냐 하는 것은 결국 그 시대적 상황에서의 정치적 합의와 결단의 문제라는 관점에서 볼 때 합리적인 대안으로 검토될 수 있다.

이는 권한의 배분을 명확히 하고, 교육을 이념 대결이 아닌 전문성과 효율성의 영역으로 가져오려는 시도로 평가될 수 있다. 궁극적으로, 이러한 접근은 행정 효율성과 국가적 교육 목표 달성에는 매우 유리하지만, 교육의 민주성과 현장 다양성을 확보하기 위해서는 제시된 보완 방안들이 매우 정교하게 법제화되고 실질적으로 작동해야 할 것이다.

질문 27.

지방교육재정교부금 제도는 어떻게 해야 하나?

지방교육재정교부금 제도는 「지방교육재정교부금법」에 따라, 국가가 내국세(소득세, 법인세, 부가가치세 등)의 일정 비율(2024년 기준 20.79%)을 시·도 교육청에 자동적으로 배분하는 방식이다. 이는 국가가 지방의 교육재정을 안정적으로 보장한다는 점에서 매우 중요한 재정 장치이다. 하지만 현재의 구조는 시간이 지날수록 비효율, 책임 회피, 재정 통제 부재 등 다양한 문제를 드러내고 있다.

현재 제도의 핵심 문제점

① 재정 수요보다 공급 중심의 구조

내국세 연동 방식으로 인해 실제 교육수요(학생 수, 지역 여건 등)와 무관하게 돈이 배분된다. 학생 수가 급감하는 농산어촌 지역도, 수도권 대도시도 비슷한 비율로 재정 배분을 받게 되어, 지역별 교육 재정의 불균형이나 비효율이 발생한다.

② 지출 통제 및 성과 책임의 부재

재정은 중앙에서(국가가 내국세 일정 비율을 교부), 지출은 교육청에서 이루어지는 구조로 인해 책임이 분산되고 성과 관리가 어렵다. 교육청은 재정 운용의 자율권은 크지만, 그 지출에 대한 평가나 피드백은 상대적으로 미흡하다는 지적을 받고 있다.

③ 재정 중복 및 이원화

시·도청과 교육청이 동일 지역 내에서 별도 예산을 편성하고 사용한다. 학교 관련 시설, 복지, 문화 사업 등이 지방자치단체 예산과 교육청 예산에서 중복 집행되는 경우가 발생하여 재정의 비효율성을 초래할 우려가 있다. 의회에서 통제가 되면 좋으나 현실적으로 기대하기 어렵다.

④ 현장 기반 재정 투자 설계 부재

실질적인 재정 투자는 교육청 사무실에서 계획되고 집행되는 경우가 많으며, 학교, 교사, 학부모, 기초자치단체 등 실제 교육 수요자인 현장의 목소리가 충분히 반영되지 못하는 경향이 있다.

제도 개선이 어려운 이유

이러한 문제점들에도 불구하고 지방교육재정교부금 제도가 쉽게 바뀌기 어려운 이유는 다음과 같다.

① 법률로 정해진 국가의 의무 지출 구조

재정교부금은 「지방교육재정교부금법」이라는 법률로 정해진 국가의 의무 지출 구조이다. 따라서 정부 예산 편성권 밖에 있기 때문에 정책 유연성이 낮다.

② 교육청의 기득권 및 선호

교육청 입장에서는 재정의 '법적 안정성'을 이유로 현행 구조 유지를 선호하는 경향이 강하다. 자동적인 재정 확보는 예산 편성의 불확실성을 줄여주기 때문이다.

새로운 재정 확보 및 운용 방안:
'지역 중심 통합 재정 구조'로의 전환

국민의 교육받을 권리 보장과 재정 효율성을 동시에 확보하기 위해서는 교육청 중심이 아닌 '지역 중심 통합 재정 구조'로의 전환을 모색해야 한다.

① 지방교육재정교부금을 교육청이 아닌 일반 지자체(시·도청)에 교부

지방교육재정교부금을 시도 교육청이 아닌 일반 지방자치단체(시·도청)에 직접 교부하는 방식으로 전환할 필요가 있다. 시·도청은 자치교육위원회에 교육 본질 사무(예: 교육과정, 교원인사)에 필요한 재정만을 집행하게 하고, 학교 외 사무(시설, 보건, 복지 등)는 지자체가 총괄적으로 재정을 운용하도록 하는 방안이다. 이는 자치교육위원회와 지자체가 협업하는 구조로 전환되어 재정 중복을 해소하고 '복합 정책 영역' 문제 해결에 기여할 수 있다. (이는 교육청을 특별지방행정기관으로 회귀시킬 때에도 마찬가지로 핵심 방안이 되어야 한다.)

② '교육—행정 통합 예산 제도' 도입

교육과 일반행정 간의 재정 통합을 위해 공동 기획, 공동 편성, 공동 평가 체계를 도입할 필요가 있다. 학교복합시설, 돌봄, 진로 직업교육 등 교육과 일반행정이 중첩되는 '복합 행정 사무'는 예산을 상호 협의 하고, 통합하여 편성함으로써 재정 시너지를 창출해야 한다.

③ 수요 기반 배분 + 성과 기반 집행

재정 배분 방식을 내국세 연동 방식에서 벗어나 학생 수, 교육 격차, 지역 여건 등을 반영한 정교한 수요 지표를 개발하여 배분해야 한다. 또한, 일정 부분은 성과 지표에 따라 가감 지급하는 성과 기반 집행 방식을 도입하여 재정 운용의 책임성을 높이되, 과도한 관료주의는 방지하는 방향으로 설계할 필요가 있다.

④ 지자체의 추가 지원도 가능

Formula를 원칙으로 지원한다고 하더라도, 지자체의 상황과 여건, 그리고 지역 주민의 요구에 따라서는 추가 재정지원도 가능할 수 있다.

정리하면,

지방교육재정교부금 제도는 교육 재정의 안정성을 보장했지만, 현재는 비효율과 책임 회피의 문제를 안고 있다. "국민이 낸 세금은 누구에게 교부되어야 하는가? 그리고 그것이 진짜 '교육받을 권리'를 실현하는 데 쓰이고 있는가?"라는 질문에 답하기 위해서는 근본적인 재정 확보 및 운용 방식의 전환이 필요하다. '교육청이 곧 교육이다'라는 전제를 버리는 순간, 우리는 보다 넓은 의미의 교육 투자 전략을 설계하고, 국민의 세금이 교육받을 권리 보장과 지역 사회 발전에 더욱 효율적으로 기여하도록 만들 수 있을 것이다.

질문 28.

공론화 방식을 적용한 교육감 선출 방안이란?

교육감 직선제가 가진 교육의 정치화, 전문성 약화, 낮은 대표성 등의 문제점들을 해결하고, 교육 행정의 민주적 정당성과 효율성을 동시에 확보하기 위한 대안으로 '공론화 방식을 적용한 교육감 선출 방식'을 제안한다. 이 방안은 교육감의 권한을 합리적으로 축소·조정한다는 전제하에, 선출 과정에 시민의 숙의(熟議)를 결합하여 교육감의 전문성과 공정성을 높이는 데 초점을 맞추고 있다. 물론 시도자치교육위원회가 선출하는 것을 전제로 한다.

제안의 전제 및 배경

① 교육감 권한의 축소 및 조정

현재의 비대한 교육감 권한이 교육의 정치화를 부추기고 비효율을 초래한다는 비판을 바탕으로, 교육감의 권한을 교육 본연의 역할에 집중하고 다른 행정 영역과의 연계를 강화하는 방향으로 축소·조정한다. 이를 통해 교육감 자리에 대한 과도한 정치적 경쟁을 완화해야 한다.

② 교육청 위상의 재편

교육청을 단순히 시·도청과 병렬적인 관계를 넘어, 시·도청의 조직으로서 법적으로는 독립적인 합의제 행정위원회(시도자치교육위원회)로 재편한다. 이 자치교육위원회는 교육 정책의 전문적인 심의·의결을 담당하는 합의체로서 기능하며, 교육감 선출의 주체가 된다. 이는 지방교육자치의 본질을 살리면서도 일반 지방자치와의 협력을 강화하는 방향을 제시하게 된다.

공론화 방식을 적용한 교육감 선출 모델

이 모델은 교육감 선출 과정을 '후보자 검증 및 공론화', '자치교육위원회 최종 선출'의 두 단계로 나누어 진행한다.

가. 단계 1: 후보자 발굴 및 공론화위원회 통한 숙의 과정 (심의기구 역할)

1) 후보자 발굴 및 사전 검증(자치교육위원회 실무 작업)
- 전문성 및 역량 기준 설정: 교육감 후보자에게 요구되는 핵심 역량(교육 전문성, 정책 역량, 경영 능력, 공직 윤리 등)을 명확히 설정한다. 시·도에 따라서 항목과 가중치가 조금씩 다를 수 있을 것이다.
- 다각적 후보 발굴: 교육 관련 학회, 시민단체, 교원단체, 학부모단체, 지역사회 전문가 그룹 등으로부터 후보자를 추천받거나, 공모를 통해 폭넓게 후보를 발굴한다.
- 사전 검증: 발굴된 후보자들에 대해 설정된 기준에 따라 공정한 사전 검증(자격 요건, 경력, 윤리성 등)을 실시하여 일정 수(3~5인)의 적격 후보군을 확정한다.

2) 공론화위원회 구성 및 운영
- 시민 대표성 확보: 무작위 추출 등 과학적인 방식을 통해 다양한 배경과 연령대의 시민들을 선발하여 '공론화위원회'를 구성한다. 단, 정치인이나 정당 가입자는 제외한다. 특히, 교육 문제의 직접적인 당사자인 학생들의 의견을 반영하기 위해 학생 대표도 공론화위원회에 포함하여 시민 대표성을 확대한다. 이는 학생이 교육감 선거에 투표권이 없다는 논란에 대한 실질적인 대안이 될 수 있다.
- 균형 잡힌 정보 제공: 후보자들의 정책 비전, 역량 등에 대한 객관적이고 균형 잡힌 정보를 공론화위원회 위원들에게 제공한다. 필요한 경우 관련 분야 전문가들의 발제 및 설명회를 개최한다.
- 숙의 과정 진행 및 질의응답: 공론화위원회는 소그룹 토론, 전체 토론,

질의응답 등 심층적인 숙의 과정을 거친다. 필요하면 후보와의 대화와 토론의 시간도 갖는다. 이때, 후보자들끼리의 토론이 아니라, 개별 후보자와 공론화위원회 위원들이 직접 질의응답을 갖는 방식으로 진행하여, 불필요한 정치적 갈등을 최소화하고 후보자의 자질과 비전을 심층적으로 검증하는 기회로 삼는다. 회의는 주로 저녁이나 주말에 진행되어야 한다.

- 의견 도출 (심의기구로서의 역할): 숙의 결과에 따라 후보자들에 대한 종합적인 평가 의견(예: 후보별 장단점 분석, 우선순위 권고 등)을 도출하여 공론화 보고서 형태로 자치교육위원회에 제출한다. 공론화위원회는 최종 선출을 위한 심의기구 역할을 수행하게 된다.

나. 단계 2: 교육위원회(행정위원회)의 최종 선출 및 공론화 의견 존중

1) 교육위원회 구성: 시·도청의 조직으로 재편된 '자치교육위원회'는 교육 전문성, 지역 대표성, 공정성을 담보할 수 있는 인사들(예: 교육 전문가, 시민사회 및 학부모 대표, 대학 전문가, 지방의회와 지자체장 추천 인사 등)로 구성한다. 이 교육위원회는 교육감 선출을 담당하는 선출위원회의 역할을 수행한다. 과거처럼 자치교육위원회가 직접 선출을 하지 않는 이유는 자치교육위원회의 인적 구성이 정치적 영향을 받기 때문이다.

2) 공론화 의견 존중: 자치교육위원회는 공론화위원회가 도출한 숙의 결과와 보고서를 충분히 존중하여 교육감 선출에 반영한다. 만약 자치교육위원회가 공론화위원회의 의견과 다른 결정을 내릴 경우, 그에 합당하고 구체적인 사유를 명확히 제시하고 공개해야 한다.

3) 최종 선출: 자치교육위원회는 심층적인 논의와 공론화위원회의 의견을 종합적으로 고려하여 교육감을 최종 선출한다. 선출 과정의 모든 절차는

투명하게 공개되어야 한다.

기대 효과 및 장점

① 교육감 선출의 정치화 완화

직접 선거가 아닌 숙의 기반의 간접 선출 방식을 통해, 교육감 선거를 이념 대결이나 인기 경쟁의 장에서 벗어나 정책과 비전을 중심으로 평가하는 장으로 전환할 수 있다.

② 교육 전문성 및 역량 중심의 선출

정책 역량, 교육 전문성, 공직 윤리, 경영 능력 등 교육 행정에 실질적으로 필요한 자질을 기준으로 후보자를 심층적으로 평가하여, 학교 현장과 교육 발전에 기여할 수 있는 인사를 선출할 가능성을 높인다. 명망가 중심의 선거를 막을 수 있다.

③ 대표성 및 민주적 정당성 확보

낮은 투표율로 인한 직선제의 대표성 문제를 보완하고, 무작위 추출된 시민들(학생 포함)의 숙의를 통해 교육 정책에 대한 폭넓은 시민적 합의와 정당성을 확보할 수 있다.

④ 비용 절감 및 비교육적 후유증 감소

막대한 선거 자금과 과열된 선거 운동으로 인한 사회적·교육적 비용을 절감하고, 후보자의 사법적 판단 문제 등 비교육적 후유증 발생 가능성을 낮출 수 있다.

공론화 방식을 이용한 교육감 선출 방식의 의미

공론화 방식을 이용한 교육감 선출 방안은 현재 대한민국 교육감 선출 제도가 안고 있는 고질적인 문제점들을 극복하고, 교육의 자주성, 전문성, 정치적 중립성이라는 헌법적 가치를 실현할 수 있는 가장 최선의 대안이 될 수 있다. 이는 단순히 선출 방식을 바꾸는 것을 넘어, 교육 거버넌스 전반의 민주성과 효율성을 제고하는 혁신적인 시도이다. 그리고 지금까지 있어왔던 다양한 선출방식이 만들어냈던 문제점도 다 해소할 수 있는 방안이다. 이 방안이 갖는 의미는 다음과 같이 정리할 수 있다.

① 임명제의 비민주성 극복

과거 중앙 정부나 상위 기관의 임명제는 교육감의 전문성을 일정 부분 담보할 수 있었으나, 이는 민주적 정당성이 결여되어 교육 주체인 주민들의 의사를 반영하기 어렵다는 본질적인 한계를 가졌다. 공론화 방식은 시민들의 직접적인 참여와 숙의 과정을 통해 교육감의 선출에 민주적 기반을 마련함으로써, 임명제가 갖는 비민주성을 효과적으로 극복할 수 있다.

② 학교운영위원회 중심 선출 방식의 한계 해결

초기 지방교육자치에서 논의되었던 학교운영위원회(학운위) 중심의 선출 방식은 학교 현장의 목소리를 반영하려는 의도는 좋았으나, 대표성의 협소함과 선출 과정의 비전문성이라는 문제점을 드러냈다. 학운위 위원들이 교육감 선출이라는 광역 단위의 복잡한 교육행정 전반을 이해하고 적합한 인물을 선별하는 데 한계가 있었으며, 이는 자칫 소규모 집단의 이해관계에 좌우될 수 있다는 비판을 받았다. 학연(學緣)이 크게 역할하기도 했다. 공론화 방식은 학운위 중심의 선출보다 훨씬 넓은 범위의 시민들을 참여시켜 대표성을 확보하고, 전문적인 논의 과정을 통해 이러한 한계를 해결할 수 있습니다.

③ 소수 교육위원회 밀실 선출의 폐해 제거

과거 소수 교육위원회의 간선제는 교육 전문가에 의한 선출이라는 명분에도 불구하고, 밀실 담합, 비리 발생, 투명성 부족 등의 문제로 인해 '비교육적 후유증'을 낳았다. 소수의 인원이 교육감을 선출하는 과정에서 외부의 영향력에 취약해지고, 주민들의 감시와 통제가 어려워지는 구조적 문제가 있었다. 또한 교육위원들과 교육감과의 관계가 대등하기 보다는 상하관계 의식이 존재할 수 있었다. 공론화 방식은 공개적이고 투명한 숙의 과정을 통해 이러한 밀실 선출의 폐해를 근본적으로 차단하고, 선출 과정의 공정성과 신뢰성을 높일 수 있다.

④ 직선제의 문제점 극복

현재의 교육감 직선제는 '주민 대표성 제고'라는 명분으로 도입되었으나, 다음과 같은 심각한 문제점들을 야기하고 있다.

- 낮은 투표율과 민주적 정당성 약화: 낮은 투표율은 교육감의 대표성에 대한 의문을 제기하며, 특정 진영의 결집이 당락을 좌우하는 현상을 초래한다.
- 과도한 정치화 및 이념 대결: 교육감이 정치적 선거를 통해 선출되면서 교육 정책이 이념 대결의 장이 되고, 교육의 정치적 중립성이 훼손된다.
- 전문성 약화 및 사법 리스크: 선거 과정에서 교육 전문성보다는 대중적 인지도가 중요해지고, 선거법 위반 등으로 인한 사법 리스크가 끊이지 않아 교육 행정의 안정성을 저해한다.
- 일반행정과의 불필요한 경쟁 및 단절: 시도지사와 교육감이 각각 주민 직선으로 선출되면서 불필요한 권한 갈등과 협력 부족으로 이어져, 통합적인 지역 발전과 주민 복리 증진에 걸림돌이 된다.

공론화 방식은 이러한 직선제의 문제점들을 해결할 수 있는 강력한 대안이다. 선거 운동의 과열을 막고, 후보자들의 정책과 비전에 대한 심층적인 논의를 유도하며, 시민들이 교육의 본질적 가치를 중심으로 교육감을 선택하도록 함으로써 교육의 정치화를 완화하고 전문성을 강화할 수 있다.

⑤ 교육의 자주성, 전문성, 정치적 중립성 확보의 최선책

궁극적으로 공론화 방식은 교육감 선출 과정에서 교육의 자주성, 전문성, 정치적 중립성을 지켜나갈 수 있는 가장 효과적인 방법이다.

- 자주성: 시민들이 교육의 본질적 가치와 지역 교육의 특수성을 고려하여 교육감을 선택함으로써, 외부의 부당한 간섭이나 정치적 압력으로부터 교육 행정의 자주성을 확보할 수 있다.
- 전문성: 후보자들의 교육 철학과 정책, 전문적 역량에 대한 충분한 숙의와 검증 과정을 거쳐 교육 전문가가 교육감으로 선출될 가능성을 높인다.
- 정치적 중립성: 선거 운동의 정치적 색채를 희석시키고, 특정 정당이나 이념에 치우치지 않는 교육 정책을 추진할 수 있는 교육감을 선출함으로써 교육의 정치적 중립성을 강화할 수 있다.

이러한 공론화 방식의 교육감 선출은 '삼두마차론'과 결합될 때 더욱 강력한 시너지를 발휘할 것으로 기대된다. 교육의 본질에 충실한 교육감의 리더십 아래, 교육연구원과 교육연수원이 전문성을 발휘하고, 시도자치교육위원회가 일반행정과의 유기적인 협력을 통해 학교 현장을 지원하는 진정한 의미의 '자치교육'이 실현될 수 있을 것이다. 그리고 이는 대한민국 교육의 미래를 위한 새로운 청사진을 제시하는 중요한 전환점이 될 것이다.

고려 사항 및 과제

① 공론화위원회의 독립성 및 공정성 확보

공론화위원회 구성 및 운영 과정의 정치적 중립성과 독립성을 철저히 보장하는 것이 중요하다.

② 교육위원회 위원의 전문성 및 대표성

최종 선출을 담당하는 교육위원회의 위원들이 교육 전문성과 더불어 다양한 사회적 관점을 균형 있게 갖추도록 구성해야 한다.

③ 공론화 결과의 '존중' 수준

공론화위원회의 의견이 단순 참고에 그치지 않고 실질적인 영향력을 가질 수 있도록, 법적 구속력 또는 강제적 존중 의무에 대한 사회적 합의와 제도적 보완이 필요하다.

④ 교육감 권한 조정의 합리성

교육감의 권한 축소 범위와 방식이 교육자치의 본질을 훼손하지 않으면서도 효율성을 높이는 방향으로 신중하게 설계되어야 한다.

질문 29.

학교 운영의 자율성을 강화하는 방안은?

　지방교육자치의 강화가 곧바로 학교 운영의 자율성 증대나 교육의 질 향상으로 직결된다고 보기는 어렵다. 이러한 긍정적 효과가 나타나기 위해서는 지방교육자치가 어떤 방향으로, 어떤 수준에서 강화되는지가 매우 중요하며, 학교 단위의 자율성 보장과 일반 지방자치와의 연계가 뒷받침되어야 한다. 특히 자치교육위원회로 개편되었을 때 학교 운영의 자율성이 강화되는 방향으로 변해야 할 것이다.

지방교육자치의 목적과 현실

　「지방교육자치법」 제1조는 이 법의 목적을 "교육의 자주성 및 전문성과 지방교육의 특수성을 살리기 위하여 지방자치단체의 교육·과학·기술·체육 그 밖의 학예에 관한 사무를 관장하는 기관의 설치와 그 조직 및 운영 등에 관한 사항을 규정함으로써 지방교육의 발전에 이바지함"이라고 명시하고 있다. 이는 교육의 정치적 중립성을 확보하고 지역 특성에 맞는 교육을 구현하려는 취지이다. 교육·학예에 관한 사무는 시·도교육감이 관장한다.

그러나 지금까지의 논의에서 살펴보았듯이, 현재의 지방교육자치는 '자치'라는 이름에도 불구하고 중앙 정부의 강한 통제 아래 놓여있거나, 일반 지방자치와의 이원화로 인해 '거래 비용'이 많이 발생하고 '복합문제' 해결에 어려움을 겪는 등 불완전한 모습을 보이고 있다.

학교 자율성 실현의 현실적 제약

학교가 진정한 자율성을 누릴 수 있는지는 매우 회의적이며, 현재의 구조에서는 사실상 100% 불가능하다고 볼 수 있다. 자율성이란 허울 좋은 말일 뿐, 현실을 호도하고 착시를 불러올 수 있다.

① 과도한 사업 계획서 요구

교육청이 끊임없이 새로운 사업을 벌여 학교에 사업계획서 제출을 요구하는 관행은 교사들이 가르치는 본연의 업무를 넘어 행정 서류 작업에 시달리게 만든다.

② 학교장의 막대한 책임과 업무 부담

학교장(교장)은 학교의 안전 및 유지관리, 보건 및 환경 위생 등 광범위한 영역에서 막대한 책임을 지고 있다. 이러한 방대한 책임들은 결국 학교 현장의 교직원에게 과도한 업무 부담으로 전가되게 된다. 그중 일부를 예로 들면 아래와 같다.

- 시설 안전 및 유지관리: 「교육시설법」에 따르면 '교육시설의 장(즉, 학교장)'은 매년 안전 및 유지관리에 관한 실행계획을 수립·시행해야 하며, 안전·유지관리기준을 준수하고 자체 점검 결과를 감독기관에 보고해야 한다. 또한, 안전점검 및 정밀안전진단을 연 2회 이상 실시해야 하고, 그 결과에 따라 보수·보강, 개축 등의 조치를 취해야 한다. 중대한 결함 발견 시 사용 제한, 사용 금지, 대피 등의 긴급 조치도 가능하며 즉시 보고해야 한다. 소방시설 설치 지원 및 임시교실 안전 확보 의무도 있다.
- 학교 보건 및 환경 위생: 「학교보건법」에 따라 '학교의 장'은 학교시설의 환기, 채광, 조명, 유해물질 예방 및 관리, 상하수도, 화장실 관리 등 환경 위생과 식기·식품·먹는 물 관리 등 식품 위생을 적절히 유지·관리해야 한다. 이를 위해 연 2회 이상 점검하고 결과를 보고하며, 기준 미달 시 보완 조치 후 보고하고 공개해야 한다. 공기 질 관리 및 공기정화설비 설치 의무도 있다.
- 학생 및 교직원 건강관리: 학교장은 학생과 교직원에 대한 건강검사를 실시하고, 질병 치료 및 예방, 정신건강 증진, 안전교육 등 다양한 보건 관련 조치를 해야 한다.

③ 인사 관리의 비(非)자율성

학교장은 교사나 직원을 독자적으로 채용하거나 인사 관리를 할 수 없다. 교원 인사는 교육청의 통제 아래 있으며, 공무직의 경우 노조의 힘이 강해 학교장의 리더십보다 노조 위원장의 의견이 더 강하게 작용하는 경우가 발생하기도 한다.

④ 부족한 교육 지원 인력

교사의 업무를 실질적으로 보좌할 'teacher aide(교사 보조인력)'와 같은 지원 인력이 턱없이 부족하여 교사가 교육 외적인 업무에 매몰된다. 「학교보건법」 제15조의2 제3항은 학교장이 질병이나 장애 학생을 위해 보조인력을 둘 수 있다고 하지만, 이는 특정 경우에 한정되며 일반 교사업무 지원과는 거리가 멀다.

⑤ 교육과정 자율성의 부재

교육과정은 사실상 중앙에서 거의 정해주는 형태로 운영되므로, 학교 현장에서 지역 및 학생 특성을 반영한 진정한 교육과정 자율성을 확보하기 어렵다.

이러한 책임들은 대학의 경우 총장 아래 많은 행정 인력과 전문 부서들이 유기적으로 움직여 분담하고 해결하기에 가능할 수 있다. 그러나 초·중등학교는 행정 직원이 2~3명에 불과한 경우가 허다하며, 교사들은 본연의 교육 활동 외에 이러한 방대한 행정 및 관리 업무까지 떠안아야 하는 비정상적인 상황에 처해 있다. 초·중등학교가 대학 수준의 행정 인프라를 갖추지 못한 상태에서 법적으로는 거의 동등한 수준의 복잡하고 전문적인 관리 책임을 요구받는다는 것은 실로 비합리적이고 모순적인 제도 설계라고 할 수 있다. 이는 학교 현장의 과부하를 심화시키고, 결국 교육의 본질적인 질을 저하시키는 주요 원인이 된다.

재구성과 통합적 접근의 필요성

진정한 교육의 질 향상과 학교 운영의 자율성 확보를 위해서는 단순히 지방교육자치의 '강화'를 넘어선 '재구성'과 '통합적 접근'이 필요하다.

① 교육청의 역할 재정립

교육청은 학교를 규제하고 감독하는 기관에서 벗어나, 학교의 교육력 향상을 실질적으로 지원하는 서비스 제공자이자 동반자로 역할을 재정립해야 한다. 학교장의 책임으로 되어 있는 많은 일을 교육청(그리고 일반행정관서)이 수행하는 형태로 법령과 제도를 정비해야 한다. 시설관리, 환경관리, 건강관리 등 많은 일을 학교장의 손에서 벗어나게 해줘야 한다. 그래야 학교가 교육이라는 본연의 일에 집중할 수 있다.

② 학교 중심의 자율성 보장

교육청의 권한 강화가 학교에 대한 더 많은 규제로 이어지지 않도록, 학교 단위에 실질적인 의사결정 권한과 자율성을 대폭 부여해야 한다. 특히, 구조화된 체계 하에서 교육과정의 자율성이 강화되어야 한다. 이렇게 되기 위해서는 교육과정이 교과서로 치환되는 상황이 사라져야 한다.

③ 일반자치와의 협력 및 통합

학교 밖에서 이루어지는 돌봄, 보건, 복지, 문화, 체육, 환경 등 '복합 정책 영역'에 대해서는 일반 지방자치단체와의 긴밀한 협력과 공동 책임이 필수적이다.

교육의 실질은 더 이상 교실 안에만 있지 않는다. 복지, 보건, 환경, 돌봄, 진로 이 모든 것이 이제 교육의 일부이다. 교육청은 교육 본질에 집중하고, 그 외의 부분은 일반행정관서와 협력하는 것이 요구된다. 이제 단순한 연계가 아닌, 교육자치의 근본적인 재구성이 필요한 시점이다.

질문 30.

학교 단위의
재정 자율성 강화 방안은 무엇인가?

학교는 교육의 최전선에서 학생과 직접 만나는 공간이지만, 재정 운용에 있어서는 여전히 제한적인 자율성을 가지고 있다. 예산 배분 및 집행이 주로 상위 교육 행정기관(교육청)에 의해 상의하달로 이루어지기 때문에, 학교 현장의 실제적이고 시급한 수요에 유연하게 대응하기 어려운 경우가 많다. 이는 학교장의 막대한 책임과 교직원의 과도한 행정 부담을 가중시키고, 불필요한 사업 계획서 요구 등으로 이어져 교육 내실화를 저해하는 요인이 된다. 학교 단위의 재정 자율성을 실질적으로 강화하기 위한 방안은 다음과 같다.

① 학교 내·외부 환경 재정 지원의 행정기관 이관 및
학교의 교육과정 중심 집행

- 학교 건물 신축, 유지 보수, 시설 수리비 등 학교의 내·외부 환경 구축

및 관리에 필요한 재원은 지방자치단체 행정기관이 총괄하여 처리하도록 한다. 이로써 학교는 시설 관리의 부담에서 벗어나 교육 본질에 집중할 수 있다.
- 학교는 배분된 예산을 교육과정 운영, 교수·학습 활동 지원 등 교육 본연의 목적에 집중하여 집행하도록 역할 분담을 명확히 한다.

② 포뮬러(Formula) 기반의 재정 지원 및 학교 단위 집행 자율성 강화

- 교육 수요(학생 수, 교육 격차 지표, 지역 여건 등)를 반영한 포뮬러(Formula)를 개발하여 학교에 직접 재정을 지원한다. 이는 배분의 예측 가능성과 공정성을 높인다.
- 이렇게 지원된 예산의 집행에 있어서는 학교에 최대한의 자율성을 부여한다. 학교는 학교운영위원회와의 협의를 통해 예산 집행 계획을 수립하고 집행함으로써 현장의 필요를 가장 잘 반영할 수 있도록 한다.

③ 학교 예비비 일정 비율 이상 확보 의무화

- 학교 운영의 예측 불가능한 상황(예: 시설 긴급 보수, 감염병 대응 등)에 대비하여, 학교 예산의 일정 비율 이상을 예비비로 의무적으로 확보하도록 제도화한다. 이는 학교가 유연하게 위기 상황에 대응하고 교육 활동의 안정성을 유지하는 데 기여한다.
- 시설 긴급 보수는 일단 예비비로 집행하고, 후에 행정기관으로부터 정산을 받도록 한다.

④ 교육청 및 교육부 공모사업 대폭 축소 또는 폐지

- 현재 교육청과 교육부가 학교를 대상으로 진행하는 경쟁적인 공모사업을 대폭 축소하거나 원칙적으로 폐지한다. 이는 학교 현장의 과도한 사업 계획서 작성 부담을 줄이고, 학교가 교육청의 사업 방향에 종속되기보다 학교의 자율적인 교육 철학에 따라 재원을 활용하도록 유도한다.

⑤ 재정 관리 시스템의 효율화 및 투명성 제고

- 학교의 재정 관리 시스템을 간소화하고, 불필요한 서류 작업이나 복잡한 절차를 줄여 교직원의 행정 업무 부담을 경감해야 한다.
- 학교 회계의 투명성을 높이기 위해 학부모 및 지역사회에 재정 운용 현황을 정기적으로 공개하고, 학교운영위원회 등 학교 구성원들의 재정 심의 및 참여 권한을 강화해야 한다.

학교 단위의 재정 자율성 강화는 학교가 교육의 본질에 집중하고 현장의 필요에 즉각적으로 대응할 수 있도록 하는 핵심적인 전제이다. 이는 교육의 질 향상과 학교 구성원의 만족도를 높이는 데 직접적으로 기여할 것이다. 또한 교장·교감의 경영관리, 학교관리 부담도 완화되고, 교사의 잡무도 줄어들면서 학교교육이 교육 본질에 더욱 집중할 수 있게 될 것이다.

질문 31.

교원의 전문성 강화 방안은 무엇인가?

　교원의 전문성은 교육의 질을 결정하는 핵심 요소이지만, 현재 우리나라의 교원 인사 시스템은 여러 비판에 직면해 있다. 교원 양성 과정이 내용학 중심으로 치우쳐 있고, 교사의 역량 체계(교육과정 구성, 교수학습, 평가, 상담, 행정 능력)에서 부족한 부분이 있으며, 교육전문직의 경력이 승진 사다리처럼 인식되는 경향 등이 전문성 강화를 저해하고 있다. 교원의 전문성을 실질적으로 강화하기 위한 구체적인 제도 개선 방안은 다음과 같다.

① 교원 양성 및 연수 시스템의 전면 개편

- 교사의 역량체계 확립 및 배양: 교사에게 요구되는 역량체계(교육과정 구성, 교수학습, 평가, 상담, 행정 능력 등)를 명확히 만들어야 한다. 이러한 역량은 교원 양성 단계(대학)와 임용된 이후의 연수 단계에서 체계적으로

배양될 수 있는 시스템이 구축되어야 한다.
- 실무 중심의 교생실습 강화: 교생실습은 대학교 1학년 때부터 시작되어야 하며, 행정 실무를 배우는 것부터 시작해서 상담과 진로지도, 최종적으로는 교수학습과 평가, 그리고 학생 기록에 이르는 모든 과정을 대학에서는 이론으로, 학교 교생실습에서는 실무로 배울 수 있도록 실습(work-based learning) 체계를 준비해야 한다. 이는 교원 양성 과정의 현장 적합성을 대폭 높일 것이며, 이처럼 4년에 걸친 실습 과정을 거치면서 예비교사는 교직 적성을 사전에 확인하고 학교 문화를 깊이 이해할 수 있는 장점을 가질 것이다.
- 맞춤형 연수 의무화: 교사 2급, 1급, 수석교사 등 자격 체계에 맞춰 형식적인 연수보다는, 교사의 개별 전문성 개발 계획에 따른 맞춤형 연수를 의무화하고, 이를 승진 및 성과 평가에 실질적으로 반영해야 한다.

② 교사의 직무 명확화 및 보상 체계 연계

- 주된 · 종된 직무 구분: 교사의 직무를 주(主)된 직무 (교수 · 학습 활동, 학생 지도 등 교육 본연의 업무)와 종(從)된 직무 (담임, 교무부/학생부/연구부 등 각종 부의 부원 및 부장 활동 등)로 명확히 구분해야 한다.
- 직무 외 업무 배제: 교사의 직무에 해당하지 않는다면, 교사가 해당 업무를 맡아서는 안 된다는 원칙을 수립하고 준수해야 한다. 이는 결과적으로 교사가 재정지원사업 신청서를 작성하는 일 등 불필요한 행정 업무에 투입되지 않게 될 것이다.
- 직무 가치에 따른 보상 체계: 각 직무의 중요성과 난이도 등 직무의 가치에 따라 보상 체계를 재구축하여, 교사들이 핵심 직무에 전념하고 전문성

을 발휘하도록 유인해야 한다.

③ 학교 단위의 교원 인사 자율성 부분적 확대

- 사립학교장의 참여권 강화: 학교장에게 신규 교원 채용 과정(예: 학교 특성을 고려한 면접 참여, 최종 후보자 추천권 등)에 대한 실질적인 참여권을 부여하여, 학교의 교육 철학에 맞는 인재를 확보할 수 있도록 해야 한다. 이는 학교장이 교사나 직원을 독자적으로 채용할 수 없는 현재의 비(非)자율성을 일부 해소할 수 있다.
- 학교 내 인사 운용 유연성 제고: 학교장이 학교의 교육 목표 달성을 위해 교원 업무 분장, 팀 구성, 특정 전문성을 가진 교사의 배치 등 교내 인사 운용에 대한 자율성을 확대해야 한다.

④ 교육전문직(장학직, 연구직)의 전문성 제고 및 역할 명확화

- 직무 중심의 전문직 제도 운영: 장학직과 연구직이 교감·교장으로 가는 단순한 승진 사다리가 아니라, 수업 지원, 교육자료 개발, 교육 정책 연구 등 본래 기능에 충실한 직무 중심의 전문직으로 기능하도록 인사 시스템을 개편해야 한다.
- 정책 전문가 육성: 교육청 본청의 정책 부서에는 교육학뿐 아니라 법령 기획, 제도 설계, 예산 분석, 거버넌스 설계 등 정책 역량을 갖춘 전문 인력을 외부에서 채용하거나, 일반직 공무원의 정책 참여를 보장하여 교육 정책 전문성을 강화해야 한다. 정책 담당자의 순환보직을 지양하고 고정 직군으로 만들어 전문성을 장기적으로 축적하도록 해야 한다.

⑤ 교사의 보조인력(School Aide, Para-professional Level) 확충

교사들이 교육 본연의 업무에 집중할 수 있도록 School Aide(학교 보조인력)나 Para-professional level(준전문가 수준)의 교육 지원 인력을 대폭 확충하여 교사의 행정 업무 부담을 줄여야 한다. 「학교보건법」 제15조의2 제3항이 질병이나 장애 학생을 위한 보조인력을 둘 수 있다고 규정하듯이[34], 이 범위를 확장하여 일반 교무·학사·생활지도 보조까지 담당하도록 해야 한다.

⑥ 표시 과목 외 Teaching Area 확장 시스템 구축

교사가 임용된 이후에도 연수 및 재교육 과정을 통해 자신의 표시 과목 외에 다른 teaching area(담당 가능 과목이나 영역)를 지속적으로 늘려갈 수 있도록 하는 시스템을 구축해야 한다. 이는 교사의 전문성 발휘 영역을 넓히고, 학교 현장에서 '상치교사(전공과목 외의 과목을 가르치는 교사)' 문제를 해소하며, 교원 수급의 유연성을 확보하는 데 기여하게 된다.

⑦ 행정직과 교원의 직무 명확히 구분

교원과 행정직 간의 직무를 명확히 구분하고, 특히 학교 보건, 환경 위생 등 중복되거나 갈등이 심한 분야에서의 역할 분담을 법령으

---

34 교육부의 이러한 입법태도에 대한 비판은 필자의 『대증요법으로 망가지는 대한민국 교육』 책자를 읽어보기 바란다.

로 명확히 규정해야 한다. 이는 학교 행정의 효율성을 높이고, 교사가 교육 활동에 전념할 수 있는 환경을 조성하는 데 필수적이다.

이러한 제도 개선을 통해 교원 인사의 전문성을 강화하고, 교육 현장의 요구에 부합하는 유능한 교원을 확보하며, 궁극적으로 교육의 질을 높이는 데 기여할 수 있을 것이다.

질문 32.

교육청에서 교육정책 전문성은 어떻게 강화해야 하나?

지방교육자치가 성숙하려면 단지 권한의 문제가 아니라, 정책을 기획하고 집행하는 '사람'의 문제를 정면으로 들여다보아야 한다. 지금 교육청 내부를 살펴보면, 정책은 존재하지만 정책을 설계할 수 있는 전문가가 보이지 않는다.

교육청 인사는 교사 출신의 전문직, 일반 행정직, 정무직 보좌라인, 순환보직자들로 구성되며, 이들이 돌아가며 정책을 만든다. 하지만 이들이 과연 정책을 설계할 만한 역량과 조건을 갖추고 있는가?

이 물음이 수십 년간 외면된 결과, 교육행정은 크게 달라지지 않았다. 지방교육자치를 표방하지만, 겉모습만 달라졌을 뿐 내용과 결과는 바뀌지 않았다. 교육청의 정책에서 혁신은 좀처럼 보이지 않는다. 중앙에서 만든 정책을 단순히 지역 현실에 맞춰 적용하는 것만으로는 교육정책이 진화했다고 말할 수 없다.

구조적 문제 ① 정책역량 부재 현상은 구조적이다

정책이 혁신되지 않는 이유는 단지 인력의 부족 때문이 아니다. 교육청 조직 자체가 정책을 설계하고 발전시킬 수 없는 구조로 고착화되어 있기 때문이다.

정책은 대체로 교육부 고시 출신 관료들이 틀을 짜고, 시도교육청은 정무직 라인이나 순환보직자들이 실무를 기획하는 구조로 움직인다. 정책형 인간은 드물고, 관리형 인력이 시스템을 장악하고 있다.

정책을 담당하는 직원들은 실질적으로 교육부, 국회, 교육감, 지방의회, 언론, 지역 여론 등 수많은 외부 요구를 처리하느라 '자기 정책'을 구상하고 실험해볼 시간조차 갖지 못한다. 하루가 멀다 하고 시달공문, 지침, 자료 제출, 민원 대응에 쫓기는 구조에서 창의적 정책은 애초에 설계될 여지가 없다.

구조적 문제 ② 장학직과 연구직이 정책기획의 주체가 되고 있다

장학직(장학관·장학사)은 본래 학교의 교수학습을 지원하는 역할이고, 연구직(연구관·연구사)은 교육 자료와 교수법을 개발하는 전문가이다. 이들은 중요한 교육전문직이지만, 정책기획 전문가는 아니다.

정책이란 교육내용뿐 아니라 법, 제도, 재정, 평가, 거버넌스를 아우르는 종합 설계물이다. 그러나 현행 시스템에서는 이들이 시·도교육청 본청의 정책 부서에 배치되어 교원정책, 평가정책, 혁신사업, 교육복지 등 거시적 정책을 기획하고 집행한다. 게다가 '전문직'이 되는 길이 교감·교장으로 가는 지름길이라는 현실 인식이 강하다 보니, 정책기획은 승진 사다리의 한 계단일 뿐, 전문성 축적의 과정으로 기능하지 못한다.

구조적 문제 ③ 일반직은 정책의 주변에 머무르고 있다

일반직 공무원은 행정 실무를 충실히 수행하고 있음에도, 정책 설계는 교육전문직만의 영역이라는 오래된 통념은 여전히 유효하다. 그러나 지금 시대의 교육정책은 단순한 수업 개선을 넘어 법령 기획, 제도 설계, 평가 기준 설정, 예산 분석, 이해관계 조정, 거버넌스 설계까지 포함된다. 이는 교육 전공자만이 아니라, 정책과 행정을 이해하고 분석할 수 있는 인력이 설계해야 하는 영역이다.

따라서 일반직 공무원도 정책 역량이 있다면 기획의 중심에 설 수 있어야 하고, 교육학 석·박사 학위를 지닌 외부 전문가 역시 교육청 본청의 정책 설계자로 참여할 수 있어야 한다.

정책기획을 위한 인사혁신의 핵심 방향

① 출신이 아니라 직무 적합성과 역량이 기준이 되어야 한다

교사 출신 여부가 아니라, 정책 설계 역량을 갖추었는가가 판단 기준이 되어야 한다. 교사 출신이 교육정책을 좌우하게 되면, 정책 혁신이 제한될 우려가 크다. "교육자치가 아니라 교사자치"라는 비판이 생겨날 수 있다.

② 직무 중심 인사관리로 전환해야 한다

장학직과 연구직은 각각 수업 지원과 교육자료 개발이라는 본래 기능에 충실하고, 정책은 정책전문가가 기획하도록 역할을 명확히 분리해야 한다.

③ 일반직의 정책 참여가 보장되어야 한다

일반직도 단순 관리가 아닌, 정책 설계와 분석의 핵심 인력으로 전환할 수 있는 역량을 충분히 갖추고 있다. 특히 교육학·행정학·정책학 등의 분야에서 석·박사를 수료한 인재들이 교육청에서 활용될 수 있어야 한다.

④ 대학과의 인재 교류 및 협력 강화가 필수적이다

교육행정, 교육정책, 교육평가, HRD 등을 전공한 석·박사급 인력을 교육청이 직접 채용하거나, 정책 파트너로 참여시킬 수 있어야 한다. 교원 연수는 교대·사범대와 협력하고, 직원 연수는 대학의 교육학과, 정책학과, 행정학과 등과 연계하는 구조로 설계되어야 한다. 학교 시설 관리도 대학의 토목과 건축 분야의 학과와도 협력할 수 있다. 이런 협력이 누적될 때, 대학의 커리큘럼도 바뀌고 실무 친화적 교육 생태계가 형성된다.

⑤ 정책 담당자의 전문직 화가 요구된다

지금처럼 학교와 교육청을 오가는 순환보직은 원칙적으로 폐지되어야 한다.

예외가 있다면 그 사유는 정당하고 특별해야 한다. 정책담당자는 고정 직군화하여 장기적으로 전문성을 축적할 수 있어야 하며, 특정 정무 라인이 정책을 좌우하는 구조도 재편되어야 한다. 오히려 시민사회, 학부모, 청소년 대표, 대학 등의 다양한 외부 전문가와 협력하는 구조가 더 정당하고 지속가능하다.

정책 담당자의 미래를 묻는다

우리는 언제까지 교사 출신이면 정책을 설계할 수 있다고 믿을 것인가? 학교에서 유능한 교사가 곧 정책 현장에서도 유능하다는 전제를 계속 유지할 것인가? 또한, 일반직은 왜 정책의 중심에서 배제된 채 정책의 외곽에만 머물러야 하는가?

정책은 출신이 아니라 역량으로 말해야 한다. 교육정책은 교육을 이해하는 사람만이 아니라, 제도를 설계하고 미래를 그릴 수 있는 사람이 만들어야 한다. 이것이 지방교육청 정책 역량 혁신의 출발점이다. 그래야 교육청이 바뀌고, 정책이 바뀌며, 지역 주민의 삶이 달라지고, 학생들의 행복도가 높아질 수 있다.

질문 33.

교육의 정치적 중립성을 보장하는 방안은 무엇인가?

시도자치교육위원회 체제에서 교육의 정치적 중립성은 어떻게 보장되는가? 교육의 정치적 중립성은 교육이 특정 정치 세력이나 이념으로부터 부당한 간섭을 받지 않고, 오직 교육 본연의 목적에 따라 운영되어야 한다는 헌법적 가치다. 이는 교육의 자주성 및 전문성과 더불어 교육의 질을 담보하고 학습자의 온전한 성장을 돕기 위한 필수 전제다. 하지만 현재 지방교육자치 체제, 특히 교육감 직선제는 오히려 교육의 정치화를 심화시키며 중립성 보장에 대한 근본적인 질문을 던지고 있다.

교육의 정치적 중립성이란 무엇이며, 왜 중요한가?

헌법재판소는 '교육의 정치적 중립성'을 "교육이 국가권력이나 정치적 세력으로부터 부당한 간섭을 받지 아니할 뿐만 아니라 그 본연의 기능을 벗어나 정치 영역에 개입하지 않아야 한다."라고 설명한다. 이는 교육 내용, 교육 활동, 교원 인사 등이 특정 정파의 이익이나 정치적 목적에 휘둘리지 않고 객관적이고 공정하게 이루어져야 함을 의미한다.

교육의 정치적 중립성이 중요한 이유는 다음과 같다.

- 학습권 보장: 정치적으로 편향된 교육은 학습자에게 왜곡된 지식이나 가치관을 주입할 위험이 있다. 중립성은 학습자가 비판적 사고를 통해 다양한 관점을 접하고 스스로 판단할 수 있는 환경을 보장한다.
- 교육의 본질 수호: 교육은 진리 탐구, 인격 형성, 사회 구성원 양성이라는 고유한 목적을 가진다. 정치적 개입은 이러한 본연의 기능을 훼손하고 교육을 특정 집단의 도구로 전락시킬 수 있다.
- 사회 통합 기여: 교육이 정치적으로 중립적일 때, 다양한 배경을 가진 학습자들이 특정 이념에 갇히지 않고 공동체의 가치를 공유하며 사회 통합에 기여할 수 있다.

교육의 정치적 중립성을 보장하는 방안

교육의 정치적 중립성을 실질적으로 보장하기 위해서는 제도적 개선과 함께 교육 주체들의 인식 변화가 필요하다.

① **제도적 차원에서의 보장 방안**

- 교육감 선출 방식 개선: 교육감 직선제가 정치화의 주요 원인으로 지적되는 만큼, 선거의 정치적 성격을 완화하는 방안을 모색해야 한다. 여러 방안들이 주장되지만, 필자는 공론화 과정을 거친 간선제가 교육감 선출 과정에서 정치적 대결을 줄이고 전문성 및 중립성을 확보하는 데 가장 유리하다고 본다.
- 교육정책 심의·의결 기능 강화: 교육정책 결정 과정에 다양한 이해관계자와 전문가가 참여하는 합의제 기구(자치교육위원회)의 실질적인 심의·의결 권한을 강화해야 한다. 이는 교육감 개인의 독단적인 정책 추진을 견제하고, 정책의 전문성과 중립성을 확보하는 데 기여할 수 있다.
- 교육행정 관련 법규의 명확화: 교육의 정치적 중립성을 침해할 수 있는 행위를 구체적으로 명시하고, 이에 대한 처벌 규정을 강화하여 교육 행정의 예측 가능성과 투명성을 높여야 한다. 특히 교육청의 과도한 사업 지시나 재정 지원의 편향성을 막을 수 있는 제도적 장치가 필요하다.
- 학교 운영 자율성 강화 및 지원: 교육의 정치적 중립성은 무엇보다 학교 현장의 자율성에서 비롯된다. 학교 운영위원회 기능의 실질화, 교육과정 편성·운영의 자율성 확대, 학교 예산 집행의 자율성 강화 등을 통해 외부의 정치적 영향으로부터 학교를 보호하고, 학교 공동체 구성원(교원, 학부모, 학생)이 주체적으로 교육을 이끌어갈 수 있는 환경을 조성해야 한다.
- 교원의 정치적 중립성 보장 및 전문성 강화: 교원이 특정 정치 세력에 의해 좌우되지 않도록 정치적 중립 의무를 명확히 하고, 이를 위반할 시 엄정한 책임을 묻는 동시에, 교원 단체 활동의 순수성을 유지하기 위한 노력이 필요하다. 또한 교원의 전문성을 강화하여 교육적 소신에 따른 교육

활동을 보장해야 한다.

② 인식 및 문화적 차원에서의 노력

- 정치권의 자제와 책임 의식: 정치권은 교육을 정치적 쟁점으로 삼는 행태를 자제하고, 교육의 백년대계를 위한 중립적 환경 조성에 협력해야 한다. 교육을 특정 세력의 정치적 도구로 활용하려는 시도를 멈춰야 한다.
- 교육 주체들의 자정 노력: 교육감, 교육청 공무원, 교원, 학부모 등 모든 교육 주체는 교육의 정치적 중립성 원칙을 존중하고, 개인의 정치적 신념이나 소속 집단의 이익보다 교육 본연의 가치를 우선시하는 자정 노력을 해야 한다.
- 시민 사회의 감시와 견제: 교육의 정치적 중립성 훼손 사례에 대해 시민 사회와 언론이 적극적으로 감시하고 비판의 목소리를 내어 교육 생태계를 보호하는 역할을 해야 한다. 그러나 한편으로는 무분별한 감시와 견제가 교육공동체를 오히려 혼란과 좌절에 빠트릴 수 있다는 점도 고려되어야 한다. 감시와 견제도 책임을 전제로 진행되어야 한다.

질문 34.

궁극적으로 국민의 '학습권'과 '학습복지사회'를 가장 효과적으로 보장하고 구축할 수 있는 새로운 거버넌스는 어떠한 모습이고, 어떻게 결정되어야 하나?

지방교육자치를 둘러싼 논의는 교육감 직선제냐 간선제냐, 러닝메이트제냐 하는 지엽적인 제도 논쟁에 머물러서는 안 된다. 진정으로 중요한 것은 헌법상 국민의 '교육받을 권리'와 '학습권'을 가장 효과적으로 보장하고, 모든 국민이 언제 어디서든 필요한 교육을 받을 수 있는 '학습복지사회'를 구축하는 것이다. 이러한 사회야말로 교육 정의가 실현되는 사회이며, 지방교육행정 체제는 바로 이 궁극적인 목표를 달성하기 위한 수단으로서 존재해야 한다.

지금까지 이 책에서는 현재의 지방교육자치 체제가 가진 문제점들을 심층적으로 해부하고, 이를 해결하기 위한 다양한 대안적 접근 방식들을 논의했다. 이 질문에서는 그 논의를 종합하고, 미래의 지방교육행정 체제가 나아가야 할 궁극적인 방향을 제시하고자 한다.

교육자치의 진정한 의미와 현행 체제의 한계

가. 교육자치는 '자치'의 대상인가, 아니면 '공공의 책무'인가?

'자치'는 스스로 다스린다는 의미를 가지며, 일반적으로 중앙정부의 통제 없이 일정한 자율성을 가지는 것을 의미한다. 지방자치의 경우, 지방정부가 일정한 자율성을 가지고 지역 행정을 운영하는 것이 핵심이다. 주민자치 관점에서 보면 교육정책과 교육활동에 주민의 참여를 보장할 수 있어야 한다. 즉, 교육청과 학교의 운영에 주민의 참여가 보장되어야 하는 것이다.

그러나 교육은 단순한 행정 서비스가 아니라 국민 개개인의 권리(학습권)와 직결되는 문제다. 따라서 단순히 지방자치의 논리로 교육자치를 설명하는 것은 적절하지 않다. 교육은 '자치'보다 '공공의 책무'로 보는 것이 더 타당할 수 있다. 즉, 교육의 자율성을 보장하는 것이 필요하지만, 동시에 공공성이 보장되어야 한다. 교육을 '자치의 영역'으로만 볼 것이 아니라, '공공의 책무를 수행하는 방식'으로 볼 필요가 있다. 더 중요한 것은 국가 제도의 틀 내에서 단위 학교의 자율성과 사립학교의 자율성이지, 교육청의 권한 강화가 아니다. 그리고 주민의 참여가 핵심이다.

공공의 책무로서의 교육자치는 지방정부나 특정 기관의 권한 문제가 아니라, 공공성이 보장된 상태에서 학습권을 실현하는 방식이 되어야 한다. 따라서 교육자치는 공공의 책무를 수행하기 위한 수단이지, 자치 그 자체가 목적이 될 수 없다. 교육자치는 '자치의 목적'이라기보다는 '공공의 책무'를 수행하는 제도적 장치로 이해하는 것이 더 타당하며, 주민의 참여를 보장하는 제도로 이해함이 마땅하다.

나. 학습권과 교육자치의 관계

학습권은 헌법적 기본권이며, 교육자치는 그 학습권을 실현하기 위한 정책적 수단이다. 즉, 교육자치가 학습권을 제한하거나 훼손하는 방식으로 운영되어서는 안 된다. 교육자치가 강조될수록 학습권 보장이 지역에 따라 차이가 발생할 가능성이 커질 수 있다.

교육자치는 학습권을 실현하는 도구로 기능해야 하며, 이를 위해 교육재정, 교육과정, 교원정책 등이 학습권 중심으로 운영될 필요가 있다. 그리고 이러한 정책 과정에 주민의 참여가 보장되어야 함을 의미한다. "교육자치가 필요한가?"가 아니라, "교육자치가 학습권 보장에 기여할 수 있는가?"가 핵심 질문이 되어야 한다. 지역 간 교육 격차가 발생할 경우, 학습권이 제대로 보장되지 않는 문제가 발생할 수 있으므로, 교육자치를 운영하는 방식이 학습권 보장과 어떻게 연결되는지 지속적으로 평가해야 한다.

다. 교육의 공공성과 지방자치의 관계

교육은 사회적 이동성과 기회의 평등을 보장하는 핵심 요소이므로, 공공성을 갖춰야 한다. 교육이 특정 지역이나 계층에 따라 차별적으로 제공되어서는 안 된다. 학교 교육 단계에서도 형평성이 중요하지만, 성인 교육과 노인 교육 단계에서는 학교 교육 단계보다도 형평성이 더 크게 중요할 수 있다.

지방자치는 지역의 특성을 반영하여 정책을 수립하는 것이 목적이지만, 교육은 국가적 표준과 일정한 질을 유지해야 하는 특성이 있다. 따라서 지방자치의 논리로 교육을 운영하면, 공공성을 저해할 가능성이 있다. 이를 조화롭게 운영하기 위해서는 국가 차원에서 교육의 기본 원칙(교육과정, 학습권 보장, 질 관리 등)을 설정하고, 지방에서는 이를 운영하는 방식에서 자율성을 부여하는 모델이 필요하다.

현행 지방교육행정 체제의 한계

현재의 교육감 직선제와 독립적인 교육청 체제는 교육의 자주성·전문성·정치적 중립성을 확보한다는 명분 아래 도입되었으나, 다음과 같은 한계를 노출하며 국민의 '교육받을 권리'와 '학습복지사회' 구현에 걸림돌이 되어 왔다.

① 이원화로 인한 비효율성

시·도지사와 교육감의 분리된 권한과 예산으로 인해 학교복합시설, 돌봄, 진로직업교육 등 교육과 일반행정이 중첩되는 영역에서 정책 연계 미흡, 예산 중복, 책임 회피, 불필요한 갈등 등 막대한 '거래 비용'이 발생했다.

② 재정 운영의 비효율성

지방교육재정교부금이 교육청으로 직접 교부되면서 지자체 전체 예산과의 연계성이 떨어지고, 지역의 종합적인 발전 계획 속에서 교육 예산이 전략적으로 배분되지 못하는 문제가 있었다.

③ 기초자치단체와의 괴리

교육지원청 교육장의 낮은 결정권과 통합 교육지원청의 광역화는 기초지자체장의 지역 교육 현안 해결 노력을 어렵게 하고, 주민 밀착형 교육 서비스 제공에 한계를 드러냈다.

④ 정치적 중립성 논란 지속

직선 교육감 제도가 오히려 교육의 정치화를 심화시키고, 특정 이념에 경도된 정책 집행으로 교육 현장의 혼란을 야기한다는 비판에서 자유롭지 못했다.

이러한 문제들은 지방교육자치가 '당위'로서 존재하기보다는, 국민의 교육받을 권리를 실질적으로 보장하는 데 얼마나 기여하는지에 대한 근본적인 질문을 던지게 한다. 핵심은 교육청의 권한 강화가 아니라, 국가 제도 틀 내에서의 단위 학교와 사립학교의 자율성, 그리고 주민의 참여 보장이다.

학습자 중심의 생애 차원 교육 시스템과 거버넌스 재설계

궁극적으로 국민의 '교육받을 권리'와 '학습권'을 보장하고 '학습복지사회'를 구축하기 위한 지방교육행정 체제는 중앙(국가 교육 비전과 최소 기준 제시)과 지방(지역 특수성 반영 및 현장 실행)이 긴밀히 협력하고, 교육과 일반행정이 유기적으로 연계되어 시너지를 창출하는 모습이어야 한다. 이는 교육의 본질적 가치(자주성, 전문성, 정치적 중립성)를 지키면서도, 행정 효율성과 주민 편익을 극대화하는 균형점을 찾아야 하는 문제이다.

이는 중앙 대 지방의 권한 배분 문제가 아니라, 학습자의 학습권을 중심으로 접근해야 할 문제이다. 생애 차원의 교육·학습 시스템 구축이 필요하며, 따라서 학습자의 학습권을 최우선으로 고려하는 제도 구축이 중요하다. 즉, "누가 권한을 가져야 하는가?"가 아니라 "어떻게 하면 학습자의 학습권이 보장될 수 있는가?"가 핵심 질문이 되어야 한다. 이것은 국가 권력을 강화하거나 지방 권력을 강화하는 문제가 아니라, 학습자가 중심이 되는 체제를 만드는 문제다.

생애 차원의 학습 시스템 구축: 학습자의 학습권 중심 설계

학습자의 학습권을 보장하기 위한 시스템은 단일한 교육 단계에 머무르지 않고, 유아기부터 노년기까지 전 생애에 걸쳐 통합적으로 설계되어야 한다.

① 학교 교육(초·중·고) 단계에서 필요한 체계

- 수직적·수평적 체계 구축: 교과 간 연계성을 확보하고, 교육과정의 논리적 일관성을 유지하여 학습의 연속성을 보장해야 한다.
- 수준 및 질 관리: 학생들의 학습 성취 수준을 지속적으로 평가하고 지원할 수 있는 시스템을 마련하여 교육의 질을 관리해야 한다. 국가 차원의 교육과정과 평가 기준을 설정하되, 각 학교와 지역에서 자율적으로 실행할 수 있도록 유연성을 부여하는 것이 중요하다.
- 평가 체제 설계: 학생의 학습 성취를 단순 성적이 아니라, 다층적 평가 방식으로 반영할 수 있도록 평가 체제를 설계하여 학습의 과정을 존중해야 한다.

② 고등학교 졸업 이후(대학, 평생교육)의 체계 설계

- 대학의 중추적 역할 수행: 대학이 학위·비학위 과정 모두 포함하여 다양한 학습자 맞춤형 교육을 제공하는 중추적 역할을 수행해야 한다.
- 단기 과정과 장기 과정의 제도화: 4년제 대학뿐만 아니라, 직업훈련 과정, 단기 교육 프로그램, 산학 협력 프로그램 등이 대학 시스템 안에 정착

하여 학습자의 다양한 필요에 응답할 수 있도록 해야 한다.
- 대학과 정부, 지역사회, 산업계의 협력 모델: 대학이 단순히 교육 기관으로만 머무는 것이 아니라, 지역 및 산업과 긴밀하게 연결되어 학습자의 평생 학습 요구를 충족할 수 있도록 협력해야 한다.

③ 노년기 학습을 위한 체계 설계

- 대학과 사회교육시설의 중심 역할: 대학과 다양한 사회교육시설이 노년기 교육의 중심이 될 수 있도록 제도를 설계해야 한다.
- 노인 대상 학습 프로그램 개발 및 확대: 단순 취미 교육이 아니라, 노년기 학습이 새로운 역할과 사회적 기여로 이어질 수 있도록 전문적이고 의미 있는 프로그램을 개발하고 확대해야 한다.
- 지역 사회 내 교육 네트워크 구축: 대학과 지역사회가 협력하여 노인 대상 교육을 제공하는 체계를 마련하여 접근성을 높여야 한다.
- 궁극적으로 초·중·고 교육뿐만 아니라, 성인과 노년기까지 학습권을 보장하는 생애 전반의 통합적인 학습 시스템을 설계해야 한다.

교육 거버넌스 재설계: 권력 배분이 아니라 협력 모델로 전환

학습자 중심의 생애 차원 학습 시스템을 효율적으로 구축하기 위해서는 기존의 '중앙정부 vs 지방정부'라는 권력 배분 모델에서 벗어나 '거버넌스 협력 모델'로 전환하는 것이 필수적이다.

① 학습권 중심의 교육 거버넌스 설계 원칙

- 중앙-지방-학교-학습자가 참여하는 협력 모델 구축: 각 주체들이 수직적 위계가 아닌 수평적 협력을 통해 학습자 중심의 시스템을 운영해야 한다.
- 교육과정 및 평가 체제: 중앙정부는 기본적인 교육의 수준과 질 관리를 담당하고 평가 체계를 설계하되, 실제 운영은 지역과 학교에 분권적으로 실행 권한을 부여해야 한다.
- 고등교육과 평생교육: 대학이 중심이 되어 정부, 지역사회, 산업과 협력하는 체계를 구축해야 한다.
- 노년기 학습: 대학과 지역사회가 협력하여 제공하는 체계를 구축함으로써 전 연령대의 학습권을 보장해야 한다.

② '중앙 vs. 지방'이 아닌 '거버넌스 협력' 모델의 필요성

중앙정부가 강력한 통제권을 가져야 하는 것도 아니고, 지방이 모든 권한을 가져야 하는 것도 아니다. 중앙정부는 기본적인 교육 질 관리와 평가 체계를 설계하고, 지역과 대학이 실행을 담당하는 협력 구조가 필요하다. 지역과 대학, 산업계, 시민사회가 참여하는 유연한 학습 시스템 설계가 중요하다.

결론적으로, "누가 더 많은 권한을 가져야 하는가?"가 아니라 "어떻게 하면 각 주체들이 더 효과적으로 협력하여 학습자의 학습권이 보장되고, 나아가 학습복지사회가 실현될 수 있는가?"가 핵심

질문이어야 한다. 교육 권력은 특정 기관(시도자치교육위원회, 교육부, 국가교육위원회 등)에 국한된 것이 아니라, 다양한 주체들이 협력하는 거버넌스 모델로 운영되어야 한다.

교육 정의 실현을 위한 지방교육행정 체제의 다양한 모색

궁극적인 교육 정의 실현을 위해, 이 책에서 논의한 다양한 지방교육행정 체제 대안들을 재조명하고, 각 방안이 국민의 '교육받을 권리'와 '학습권' 보장, '학습복지사회' 구축에 어떤 영향을 미칠지 종합적으로 살펴볼 필요가 있다.

① 현행 제도(일부 수정·보완) 방안

현재의 지방교육자치 체제를 유지하면서도, 법률 및 조례 개정을 통해 교육감과 교육청의 역할과 책임을 명확히 하고, 일반 지자체와의 협력 및 견제 관계를 제도화하는 방안이다. 기존 제도의 안정성을 유지할 수 있다는 장점이 있지만, 근본적인 구조 변화 없이는 이원화로 인한 '거래 비용'이나 갈등이 완전히 해소되기 어렵다는 한계가 있다.

② 합의제 행정위원회(시도자치교육위원회) 도입 방안

시·도지사 소속 하에 교육 관련 전문성을 갖춘 합의제 행정위원회를 두어 교육 정책을 심의·의결하고 집행하는 방식이다.

- 장점: 교육과 일반행정 간의 연계를 강화하여 '복합 정책 영역'의 문제를 해결하고 행정 효율성을 높일 수 있다. 또한, 합의제 기관으로서 전문성과 민주적 정당성을 확보하고, 교육감 선출 과정에 공론화 방식을 도입하여 정치화를 완화하며 대표성을 높일 수 있다. 기초지자체와의 기관위임 및 협력을 강화하여 주민 밀착형 서비스 제공이 가능해진다.
- 과제: 합의제 기관으로서의 독립성(시·도지사의 영향력 제한, 의사결정 구조의 자율성)을 법적으로 정교하게 보장해야 하며, 교육 행정의 전문성을 유지하기 위한 노력이 지속되어야 한다.

③ 특별지방행정기관(교육청) 회귀 방안

교육 사무의 핵심 권한(교육과정, 교원인사)을 중앙정부 직속의 특별지방행정기관(교육청)에 두어 국가 사무로 하고, 교육의 내·외부 환경, 평생교육 등은 지자체 일반행정관서가 담당하는 방식이다. 재정은 지방교육재정교부금을 폐지하고 지자체 교부금으로 일원화한다.

- 장점: 정책의 통일성과 일관성을 확보하고, 재정을 일원화하여 효율성을 극대화하며, '교육받을 권리'의 지역 간 균형적 보장에 유리하다. 교육과 일반행정 간의 불필요한 칸막이를 제거하여 '거래 비용'을 대폭 줄일 수 있다.
- 과제: 교육의 자주성 및 민주성(주민 참여)이 위축될 수 있다. 이를 보완하기 위해 학교의 자율성 및 교육과정의 '맥락화'·'맞춤화' 권한을 법제화

하고, 교육과정 및 수업의 정치적 중립성을 강력히 규정해야 한다.

이 외에도 시·도지사 러닝메이트제 등 다양한 교육 행정 체제 개편 방안들이 존재할 수 있다. 중요한 것은 특정 방안을 고집하기보다, 각 모델이 가진 장단점을 냉철하게 분석하고 우리 사회의 특수성과 시대적 상황에 가장 부합하는 최적의 시스템을 찾아내는 것이다.

궁극적인 지방교육행정의 모습과 사회적 합의의 중요성

궁극적으로 국민의 '교육받을 권리'와 '학습권'을 보장하고 '학습복지사회'를 구축하기 위한 지방교육행정 체제는 중앙(국가 교육 비전과 최소 기준 제시)과 지방(지역 특수성 반영 및 현장 실행)이 긴밀히 협력하고, 교육과 일반행정이 유기적으로 연계되어 시너지를 창출하는 모습이어야 한다. 이는 교육의 본질적 가치(자주성, 전문성, 정치적 중립성)를 지키면서도, 행정 효율성과 주민 편익을 극대화하는 균형점을 찾아야 하는 문제다.

정당한 교육행정시스템의 모습은 다음과 같은 기준을 고려해야 한다.

- 헌법 제117조가 말하는 '주민의 복리'를 실현할 수 있는가?
- 헌법 제31조 제4항의 교육의 자주성, 전문성, 정치적 중립성이 실제 학교 현장에서 실현되는가?

- 「지방자치법」 제1조가 강조하는 '민주적이고 능률적인 지방행정'에 부합하는가?

이러한 지방교육행정의 모습은 특정 제도에 대한 맹목적인 추구가 아니라, 우리나라의 경우 지방자치가 선험적으로 존재하거나 민주주의의 필수적 요소라고 말하는 것이 '당위'는 아니며, 어떠한 형태의 교육행정 시스템을 갖느냐 하는 것은 결국 그 시대적 상황에서의 정치적 합의와 결단의 문제라는 관점에서 접근되어야 한다. 이는 권한의 배분을 명확히 하고, 교육을 이념 대결이 아닌 전문성과 효율성의 영역으로 가져오려는 시도로 평가될 수 있다. 이 궁극적인 지방교육행정의 모습은 행정 효율성과 국가적 교육 목표 달성에는 매우 유리하지만, 교육의 민주성과 현장 다양성을 확보하기 위해서는 제시된 보완 방안들이 매우 정교하게 법제화되고 실질적으로 작동해야 한다.

따라서 이러한 중대한 변화를 위해서는 충분한 시간을 가지고 공론화된 절차와 깊이 있는 숙의 과정이 반드시 필요하다. 다양한 교육 이해관계자, 전문가, 그리고 무엇보다 국민의 목소리를 경청하고 합리적인 대안을 모색하는 과정을 통해, 교육 정의가 실현되는 미래 교육 시스템을 함께 만들어나가야 할 것이다.

질문 35.

'지방정책권'이 필요하지 않는가?

　지방자치단체의 역할은 단순히 중앙정부가 위임한 '사무'를 처리하는 것을 넘어, 지역의 특성과 주민 요구에 맞는 '정책'을 독립적으로 설정하고 집행하는 포괄적인 권한인 '지방정책권'을 가져야 한다는 인식이 중요하다. 이러한 관점은 교육 분야에서도 국가와 지방의 책임 구분을 명확히 하고, 협력적인 거버넌스를 구축하는 데 핵심적인 바탕이 된다.

지방정책권의 개념과 필요성

　'지방정책권'이란 지방자치단체가 자치입법권, 자치행정권, 자치재정권, 자치조직권을 바탕으로 독립적으로 정책을 설정하고 집행할 수 있는 권한을 말한다.[35] 이는 단순한 행정 집행을 넘어, 정책의 기획, 설계, 집행, 평가까지 포함하는 포괄적인 권한이다. 「지방자치법」의 '사무' 용어가 갖는 한계를 극복하기 위한 용어이다.

지방정책권의 목적은 지방이 중앙정부의 하급 기관이 아니라, 독립적인 정책 주체로서 기능하고 지역 특성에 맞는 맞춤형 정책을 스스로 설계하며, 주민의 요구를 반영할 수 있는 구조를 확립하는 데 있다.

지방정책권의 핵심 요소는 다음과 같다.

1) 정책 기획권: 문제 정의, 목표 설정, 전략 수립 등 지역 특성에 맞는 정책을 스스로 구상할 권한
2) 정책 집행권: 독립적인 집행체계를 구축하여 정책을 실행할 권한
3) 정책 평가권: 정책의 효과를 자체 평가하고 이를 바탕으로 개선할 권한
4) 정책 자율성: 중앙 법령의 제한이 최소화된 정책 결정의 자유
5) 정책 도구 선택권: 지방이 독자적으로 정책 도구를 선택하고 조합할 수 있는 권한

지방정책권은 단순히 중앙의 사무를 분담하는 차원에서 벗어나, 지방이 문제를 스스로 정의하고 해결할 수 있는 자율적 정책 기능을 보장하는 것을 핵심으로 한다. 이를 위해서는 법적 근거 강화, 정책 기획 역량 강화, 그리고 지방의회와의 긴밀한 협력이 필수적이다.

---

35   지방정책권은 지방자치를 활성화하기 위해서는 '사무'가 아니라 '정책'이라는 관점이 필요하다는 견지에서 필자가 만든 용어이다.

정책기능 중심 지방자치 입법원칙

지방정책권 개념을 지방자치에 도입하기 위해서는, 법률 및 제도의 설계가 정책 기능 중심으로 이루어져야 한다. 이의 기본 원칙은 다음과 같다.

1) 자율성 보장: 지방이 독립적으로 정책을 설계하고 집행할 수 있도록 자치입법권을 포함한 포괄적인 자율성을 보장해야 한다.
2) 정책 도구의 다양화: 지방이 필요한 정책 수단을 자율적으로 선택하고 활용할 수 있도록 법적으로 지원해야 한다.
3) 입법-행정 연계성: 법률-대통령령-조례 간의 연계성을 강화하여, 지방이 독자적인 정책 설계를 할 수 있는 기반을 마련해야 한다. 부령이나 행정규칙의 수준에서 지자체의 활동을 규제해서는 안 된다. 마지노선은 대통령령이 되어야 한다. 그래야 지자체장의 권위가 존중된다.
4) 협치 기반 조정 메커니즘: 중앙과 지방이 수평적 관계에서 정책을 공동으로 설계하고 조정할 수 있는 구조를 마련해야 한다.
5) 책임성 강화: 지방이 정책의 결과에 대해 스스로 책임질 수 있도록 책임 소재를 명확히 하고, 그에 상응하는 권한을 부여해야 한다. 잘못에 대한 책임을 회피해서는 안 된다.

이러한 입법 원칙은 중앙정부도 마찬가지이다. 국회가 법률을 제·개정할 때, 행정부가 대통령령을 제·개정하고 정책을 수립할 때, 반드시 지자체와 협의를 거친 이후에 하는 것이 바람직하다. 지자체는 중앙정부와 국회의 지시 명령을 받는 존재가 아니다. 국가와 분리되는 법인격을 가진 존재이다.

국가-지방 수평 협치 구조의 수립

지방정책권이 실질적으로 작동하기 위해서는 중앙과 지방과의 관계가 '수직적 지시-복종' 관계를 넘어선 수평적 협치 구조로 전환되어야 한다.

1) 정책 설정 단계: 국가와 지방이 공동으로 정책 목표를 설정하고, 지방의 특성에 맞는 정책 수단을 선택하는 과정이 필요하다. 정책 시뮬레이션을 통해 실효성을 사전에 검토한다.
2) 정책 집행 단계: 지방이 자율적으로 정책을 집행하는 것을 원칙으로 하고, 중앙은 이에 대한 지원 및 조정 역할을 수행한다.
3) 정책 평가 단계: 지방이 자체 평가를 통해 정책의 효과를 분석하고, 중앙은 이 평가 결과를 바탕으로 재정 지원이나 제도 개선을 논의한다.
4) 피드백 단계: 중앙과 지방이 평가 결과를 공유하고, 이를 바탕으로 향후 정책 방향을 조정하며, 필요한 제도적 개선 사항을 반영하는 순환 구조를 구축한다.

결론적으로, 교육의 국가 책임과 지방 책임을 구분하는 것은 단순히 사무를 나열하는 것을 넘어서야 한다. 지방이 '정책 주체'로서 교육 정책을 자율적으로 설계하고 집행하며 평가할 수 있는 지방정책권을 보장하고, 이를 바탕으로 국가와 지방이 수평적으로 협력하는 거버넌스 체계를 구축하는 것이 중요하다. 이는 교육 분야에서도 중앙의 통제 대신 지역의 특성을 살리고 주민의 필요를 충족하는 맞춤형 교육을 실현하는 데 필수적인 변화 방향이다. 지금처럼 중앙정부가 법령과 지침으로 시시콜콜 지방을 통제하는 것은 바꾸어야 한다.

자치교육, 이제는 시작할 때!

교육자치, 어디에서부터 다시 시작할 것인가?

35개의 질문은 우리 교육자치의 실체를 해부하고, 그 이면의 구조적 문제를 적나라하게 드러냈다. 제도는 존재하되 기능은 왜곡되었고, 이름은 자치이되 실제는 시도교육청의 권한만 커져갔다. 헌법의 가치인 교육의 자율성 · 전문성 · 정치적 중립성은 선언으로만 존재할 뿐, 교육청의 행정과 학교 현장의 일상 속에서는 제대로 작동하지 않았다.

지방교육자치의 근거는 교육의 특수성에 있다고 한다. 교육의 특수성은 곧 교육의 자주성, 전문성, 정치적 중립성으로 표현된다. 이 교육의 특수성이 자치라는 영역 속에서 어떤 형태와 방법으로 반영되어야 하는지, 그리고 그 모습은 일반자치와의 관계에서 어떠한 통합과 연계의 모습을 보여야 하는 것인지, 그리고 그러한 통합과 연계가 궁극적으로 지방자치제도를 단체자치의 형태로 우리나라에 도입한 목적인 주민의 복리, 지방자치행정의 민주성과 능률성 보장, 균형발전에 기여할 수 있도록 만들어갈 것인지가 매우 중요했다. 하지만 지방교육자치는 이러한 기대에 미치지 못하며 실패했다.

이 책은 단지 비판에 그치지 않고, 우리가 나아가야 할 방향을 제시하고자 했다. 그것은 교육자치를 전면 폐기하자는 것이 아니다. 오히려, 우리가 잊고 있던 '자치의 본질'을 되살리고, 이를 교육의 문법과 질서 속에 재구성하자는 제안이다. 교육은 본디 중앙과 지방, 정치와 행정, 제도와 실천의 올바른 균형 위에 서야 한다. 그 균형을 회복하지 않는 한, 자치의 이름 아래 어떤 제도를 설계해도 공허할 뿐이다.

우리는 이 책을 통해 두 가지 사실을 확인했다.

① 지금의 교육자치는 자치라 부르기 민망할 정도로 불완전하며, 오히려 자치의 이상을 훼손하고 있다.
② 그러나 그렇다고 해서 교육자치를 포기하는 것이 능사는 아니며, 제대로 된 자치의 설계를 통해 오히려 교육의 공공성과 책무성을 강화할 필요가 있다.

새로운 자치, 제대로 된 자치, 그것이 바로 자치교육이다.

그리고 자치교육이야말로 단체자치로 오염된, 주민자치로 오해했던 직선제를 극복한 진정한 주민자치의 모습이다. 앞으로의 자치교육은 다음의 네 축을 중심으로 새롭게 구축되어야 한다.

1) 정치로부터 자유로운 구조: 교육은 정치의 도구가 아니라 공익을 위한 공공 사안으로 다뤄져야 한다.
2) 학교 중심의 지원 체계: 시도자치교육위원회는 규제기관이 아니라 학교의 교육력을 실질적으로 뒷받침하는 동반자가 되어야 한다.
3) 행정의 협치와 연계: 학교 밖 교육과 복합 행정 영역은 일반행정기관과 통합하거나 위탁함으로써, 시도자치교육위원회의 기능을 교육과정을 중심으로 정제하고 효율화해야 한다.
4) 지자체는 교육의 범위를 대학교육, 평생교육으로까지 확장해야 한다.

그리고 또 물어야 한다. 누가 교육행정의 책임자가 되어야 하는지를.

학생들이 미래를 살아갈 역량을 키워주는 교육자로서, 교육의 공공성과 지속 가능성을 설계할 수 있는 유능한 정책가로서, 주민의 권익을 보호해야 하는 대리인으로서, 세금을 효율적으로 집행하는 경영자로서, 그리고 국민의 봉사자라는 공직 가치의 윤리적 수호자로서 — 과연 우리는 누가 지방교육을 담당해야 하는지를 진지하게 고민해야 한다.

이는 곧 어느 특정 지역집단이나 단체의 이해관계를 넘어, 정치 세력의 이익이나 관료적 이해관계에 얽매여서는 안 된다는 것을 강력히 시사한다. 그가 권력욕을 충족하고 자기 세력을 유지하려는 사람인지, 아니면 진심으로 지역의 학교와 아이들을 위한 일꾼인지― 우리는 더 이상 외면하지 말고, 이 질문에 응답해야 한다. 누가 진정한 일꾼인가? 이런 문제에 대해 해답을 구하고 방향을 찾는 것은 곧 우리의 책임이요 권리이다. 그리고 새로운 사회계약의 문제이다.

이 책에서 정리한 35개의 질문은 끝이 아니라 시작이다. 이제 우리는 묻고 또 물어야 한다. 과연 어떤 자치가 진짜 자치인가? 어떤 구조가 교육의 본질에 더 가깝고, 어떤 시스템이 우리 아이들의 미래에 더 책임이 있는가? 정답은 없다. 그러나 우리가 그동안 외면했던 질문을 직접 마주할 때, 비로소 답에 가까워질 수 있다. 이 책은 독자에게 마지막 질문을 남긴다.

"이제, 우리는 '자치교육'을 선택할 시점이 되지는 않았는가?"

지방교육자치 NO 자치교육 YES

초판 1쇄 발행 2025. 8. 19.

지은이 김환식
펴낸이 김병호
펴낸곳 주식회사 바른북스

편집진행 황금주
디자인 김민지

등록 2019년 4월 3일 제2019-000040호
주소 서울시 성동구 연무장5길 9-16, 301호 (성수동2가, 블루스톤타워)
대표전화 070-7857-9719 | **경영지원** 02-3409-9719 | **팩스** 070-7610-9820

•바른북스는 여러분의 다양한 아이디어와 원고 투고를 설레는 마음으로 기다리고 있습니다.
이메일 barunbooks21@naver.com | **원고투고** barunbooks21@naver.com
홈페이지 www.barunbooks.com | **공식 블로그** blog.naver.com/barunbooks7
공식 포스트 post.naver.com/barunbooks7 | **페이스북** facebook.com/barunbooks7

ⓒ 김환식, 2025
ISBN 979-11-7263-540-4 93330

•파본이나 잘못된 책은 구입하신 곳에서 교환해드립니다.
•이 책은 저작권법에 따라 보호를 받는 저작물이므로 무단전재 및 복제를 금지하며,
이 책 내용의 전부 및 일부를 이용하려면 반드시 저작권자와 도서출판 바른북스의 서면동의를 받아야 합니다.